니시자와 류에가 말하는

열린 건축

니시자와 류에가
말하는

続・建築について話してみよう

열린
건축

니시자와 류에 지음   강연진 옮김

차례

1부
환경과 건축

2부
건축가와 건축

3부

앞으로의 건축

옮긴이의 글

    내가 대학교 신입생 때의 일이다. 학교에 새로이 도서관 건물을 만든다는 이야기와 아틀리에 동의 내진을 보강하느니 철거하느니 하는 이야기들이 들려왔다. 그리고 그런 이야기들 사이사이에 어떤 교수님들이 나무에 몸을 묶으며 반대했다느니, 원래의 캠퍼스 건축 계획과 다르다느니 하는 이야기도 돌았다. 신입생인 나에겐 동떨어진 이야기였다. 내게는 어린 시절 멋대로 생각했던 '미대'라는 이미지와 캠퍼스의 차가운 회색 콘크리트 건물 사이에서 느껴지는 거리감이 있었고, 행정을 담당하는 측에서 심사숙고해 결정한 일일 텐데 그것이 이슈가 되는 것도 신기했다. 그러면서 한편으로는 미대가 자연과 예술을 사랑하는 사람들이 모인 곳이고, 저마다 건축에 대해 자신만의 확고한 가치관을 가졌을 테니 충분히 그럴 수 있겠다는 생각도 들었다.

졸업이 가까워졌을 무렵 아틀리에 동은 내진 보강을 마쳤고, 새 도서관은 개관을 했다. 차가운 콘크리트 건물들도 익숙한 캠퍼스의 일부가 되어 있었고, 열심히 보고 배운 덕분인지 그 건물들에서 시대의 힘과 박력을 느낄 수 있었다. 새 도서관은 그런 회색 건물들을 지나 학교 안쪽에 세워져 있었는데, 학생 식당과 매점 옆의 울창한 나무들 사이에서 도서관의 유리벽 안쪽에 편안함을 주는 목재 책장들이 보였다. 매우 인상적이고 아름다운 건물이었다. 하지만 어딘가 그 도서관만 다른 공간에서 잘라서 붙여놓은 것 같기도 했다. 분명히 결정을 담당하는 많은 사람들과 건축가가 충분히 심사숙고해서 만든 게 틀림없는데도 어딘가 이질적이었다. 단지 새롭고 익숙하지 않아서 그런 건지도 모르겠다. 물론 새 도서관에는 새 도서관만이 가진 시대성이 있고, 새롭게 사용자와 환경 사이에 관계성과 역사가 생기며, 앞으로 학교가 지향하려고 하는 모습이 그 속에 담겨 있을 것이다.

당시 학교 측의 결정에 반대 의견을 가진 교수님께서는 "건축물에는 역사가 있다"라는 말씀을 하셨다. 건축물은 그 자체로 시작해서는 완성되지 않는다. 건축물에는 사용자, 지역, 환경과 유기적으로 맞물린 관계가 담겨 있고 시간이 흐르면 각각의 관계 속에서 역사가 된다. 나는 그때까지 그런 당연한 것을 따로 인식해본 적이 없었다. 그래서일까, 무분별하게 파괴되거나 개발된 도시 경관에 답답함을 느끼면서도 한편으로는 그것이 어느새 또 다른 '당연함'이 되었다. 사람이 있고, 환경이 있고, 도시계획과 건축물이 있는 것이 아니라, 행정과 기업의 이해관계 속에서 건축물과의 공존을 강요받고 있었다. 공존을 받아들이기에는 같이 지내온 시간이 부족하고, 익숙해질 즈음에는 강제적으로 공존이 깨진다. 거기에는 더 이상 역사가 생길 여지가 없다. 내가 느낀 답답함은 비단 경관만의 문제가 아니었다. 그 수업 이후로 골목을 걸을 때, 건물에 들어갈 때, 여행을 할 때마다 건축의 관계성에 대해 의식하고 되짚어보게 되었다.

니시자와 류에西沢立衛의 건축은 사용자, 환경, 지역과의 관계를 다시 한 번 생각하며 되짚는다. 그의 건축은 모든 개체가 유기적으로 맞물린 관계성을 지향한다. 그는 저서를 통해 건축가와 건축에 '이래야 한다'라는 모습과 가치관, 시대성이 있어야 한다고 말한다. 니시자와 류에가 언급하는 건축가들은 강하고 박력이 있다. 그것에 비해 류에 자신의 '이래야 한다'는 그렇게 강하진 않아도 조용하고 확고한 울림이 있다.

세지마 가즈요妹島和世와의 공동작이자 그의 대표작인 '가나자와 21세기 미술관'은 전시 작품으로도, 건축으로도, 지역과 환경, 그리고 행정 부분에 있어서도 여러모로 극찬을 받는 미술관이다. 가나자와라는 역사와 예술이 가득한 도시에 이 미술관이 하나의 퍼즐 조각이 되어 완성되는 느낌이다. 그건 건축가 개인이 만들어낼 수 있는 것이 아니다. 지역 행정, 주변 환경, 운영자, 사용자, 전시되는 작품과 예술가, 건축가 등이 모두 서로에게 영향을 주며 유기적으로 관계한다. 어느 하나라도 빠지면 안 된다. 니시자와 류에가 말하고 표현하는 '이래야 한다'는 그런 유기적인 관계성과 거기에서 나타나는 시대의 모습이다. 내가 도시 속에서 느끼던 답답함과 대학 시절 교수님의 말씀을 듣고 의식하게 된 것을 니시자와 류에라는 건축가는 되짚으며 풀어내고 있었다.

실은 이 책, 『니시자와 류에가 말하는 열린 건축 続 · 建築について話してみよう』은 2007년에 나온 저자의 다른 저서 『건축에 대해 이야기해보자 建築について話してみよう』의 속편에 해당한다. 번역에 앞서서 저자 측에서 전편보다 속편의 번역을 원한다는 이야기를 듣게 되었다. 두 책은 모두 건축 잡지에 게재된 인터뷰와 글을 바탕으로 하고 있지만, 전편은 현재를 기준으로 아직 완공 전인 작품에 대한 기법적인 설명이 많고 건축도 건축가로도 진행형인 것에 비해, 속편인 이 책은 2010년 프리츠커상 Pritzker Architecture Prize 수상 이후 시대를 대표하는 건축가가 된 후에 정리해서 내놓은 책이다. 순서대로라면 전편을 먼저 소개하는 것이 맞을지 모른다. 하지만 2011년 동일

본대지진을 겪으며 저자 개인과 사회가 크게 변했고, 앞으로 그의 건축 속에서도 그 시대성이 나타날 것이다. 어디까지나 나의 생각이지만 저자는 그것을 염두에 두고 이 책의 번역을 제안한 것이 아닐까? 나 역시 2011년 도쿄에서 동일본대지진을 경험하면서 자연 앞에서 맥없이 무너지는 인간 문명의 한계와 다시 일어나기 위해 발걸음을 내딛는 것을 보았기 때문에 그렇게 생각한다.

건축은 건축만으로 시작해서 끝나는 것이 아니다. 건축은 그것을 사용하는 사람, 환경, 도시계획, 행정과 함께 이 시대를 나타내는 하나의 조각이다. 유기적인 관계, 공존 속에는 이야기가 많다. 우리가 살아가는 현대의 건축물도 서서히 역사성을 띠게 될 것이고, 그곳에 관한 많은 이야기가 생겨날 것이다. 이 책을 통해 니시자와 류에라는 건축가가 맞춰가는 조각과 풀어내는 이야기를 즐겨주시기를 바란다.

마지막으로 이 책이 세상에 나오기까지 힘써주신 한울엠플러스의 윤순현 님, 박준규 님, 허유진 님, 그리고 사랑하는 가족들과 친구들, 가르침을 주신 모든 분들께 감사를 드린다.

2016년 봄
강연진

2007년 6월 14일

프랑스의 '보르도 하우스Bordeaux House'에 묵었다. 이곳은 렘 콜하스Rem Koolhaas라는 건축가가 설계한 매우 유명한 건축 작품이다. 시가지가 내려다보이는 교외의 언덕에 세워져 자연으로 둘러싸인 주변 환경이 매우 근사했다. 건물은 도전 정신으로 가득했다. 건축가의 정신이 그대로 건축으로 나타난 듯한 박력이 느껴지는 놀라운 건물이었다.

이 건물에는 상당히 과감하고 조금은 무모한 실험이 도처에 시도되고 있었다. 거실의 커다란 유리문이 자동으로 열리고 자연과 거실이 일체화되는 웅장한 장치가 있는데, 거기에 무슨 문제가 생겼는지 여러 명의 기술자들이 필사적으로 교체 공사를 하고 있었다. 하지만 요 며칠간 비가 오고 땅이 질

픽거려서 공사하기 어렵다며 포기하고 돌아가 버렸다.

기술자가 말하길, 10월은 되어야 맑은 날이 계속되고 발 디디기도 수월해질 테니 그때 다시 오겠다고 한다. 가을에 오겠다는 것도 놀라운데 주거 중인 여성 역시 그 정도의 일은 특별히 신경 쓰이지 않는 모양이었다. 건물에 조금 불편한 상황이 생겨도 개의치 않는 모습에서 당당한 매력을 느꼈다. 이렇듯 매력적인 건물에는 매력적인 사람이 거주하는 경우가 종종 있다.

참고로 이 주택은 최근 프랑스 정부의 역사적 보존 건축물이 되었다고 한다. 세워진 지 10년도 채 되지 않은 신축 주택을 중요 문화재로 지정하는 것은 일본에서라면 상상할 수 없는 일이다.

'보르도 하우스'에서 먹은 저녁이 가정 요리인지 향토 요리인지는 알 수 없었지만 정말 맛있었다. 큰 주키니Zucchini●의 속을 도려내어 밥과 소스 상태의 재료를 넣고 오븐에 구운 간단한 음식이었다. 주키니의 모양이 그대로 남은 이 음식을 직접 포크와 나이프를 사용해서 해체하며 먹다 보면, 주키니와 국물과 밥이 섞여 리소토 같기도 하고 샐러드 같기도 한 신기한 음식이 된다. 진하면서도 부드러운 맛이었다.

● 호박의 일종으로 애호박보다 크고 통통하다. _ 옮긴이

6월 16일

비행기로 이동하는 중에 고다 아야幸田文 씨의 『잔물결 일기さざなみの日記』를 읽었다. 중간에 질리는 일 없이 금방 다 읽었다. 쇼와 시대 도쿄의 어떤 시공간을 잘라낸 듯한 소설로, 일상적인 날들이 매우 매력적으로 그려져 있었다. 나는 고다 씨의 문체를 좋아한다. 타이틀에 딱 어울리는 잔잔한 강의 수면 같은 분위기가 있다. 글은 누구나 쓸 수 있지만 사람에 따라 자연스러울 수도 부자연스러울 수도 있다는 점이 신기하다.

7월 5일

쿠알라룸푸르에 갔다. 비행기에서 한 발자국 밖으로 내딛는 순간 '더워!'라고 생각했지만 막상 더위로 고생하는 일은 없었다. 어떤 건물에 가도 에어컨을 세게 틀어놓아서 정말 추웠다. 남쪽 나라이니 더울 것 같다고 얇은 옷을 입고 갔다가는 이렇게 뼈가 시린 경험을 하게 된다. 시간이 비어 산책을 했다. 호텔이 너무 추웠기 때문인지 바깥의 더위와 습도가 오히려 기분 좋게 느껴졌다. 말레이시아 명물(?)인 치킨라이스를 먹고 타이거 맥주를 마셨다. 찌는 듯한 더위에서 마시니 정말 맛있었다.

7월 19일

뉴욕에 갔다. 하늘이 활짝 개어 비행기 창문 밖으로 맨해튼
이 내려다보였다. 언제 봐도 굉장한 풍경이다. 홀쭉한 맨해튼
섬 위로 무수한 마천루가 밀도 있게 늘어서 있다. 도시 전체
가 마치 하나의 독립국가 같다. 섬과 건축과 도시가 무엇 하
나 분리될 수 없을 듯한 일체성을 지닌 점이 대단하다.

맨해튼 속은 외관보다 더욱 인상적이다. 그곳은 마천루 정
글이다. 도로는 한없이 기계적이고 비인간적으로, 가로세로
격자 형태로 뻗어나가며 항상 꽉 막혀 있다. 마천루가 너무나
밀집되어 있기 때문에 도로는 마치 깊은 골짜기 아래처럼 느
껴진다.

고층에 있는 호텔 방에서 아침 일찍 눈을 뜨니, 방 안에 햇
살이 날카롭게 들어오고 있었다. 마치 천상에 있는 듯이 밝았
지만 아득한 아래의 도로를 내다보니 그곳은 아직 밤이었다.
골짜기 밑은 노란 택시와 인간으로 붐비고, 고함과 경적이 끊
이지 않는다. 북적거리는 다양한 인종 속에서 누군가는 양손
을 올리고 소리치거나 경적을 울린다. 꼭 세계의 축도 같은
곳이다.

이 도시는 기본적으로 인간을 위해 만들어지지 않았다. 격
자식 도로도 악마 같은 높이의 마천루도 인간의 생활을 위해
서라기보다는 돈과 비즈니스를 위해서 만들어졌다. 그런 비

거주용 도시에 이렇게 무리하게 인간이 살고 있다는 사실이 기가 막힌다. 예사롭지 않은 삶의 활기가 소용돌이치고 있다. 여러 가지 문제는 있지만 나는 맨해튼을 좋아한다. 건축적 · 도시적 시점에서 보면 맨해튼은 19~20세기라는 시대가 만든 역사적 가치가 높은 빛나는 도시다.

7월 23일

스위스의 차 안에서 로버트 라이스너 Robert G. Reisner 의 『찰리 파커의 전설 Bird: The Legend Of Charlie Parker』을 읽었다. 위대한 음악가 찰리 파커 Charlie Parker 에 대해 관계자들이 회상하는 내용의 책이다. 그중에서도 마일스 데이비스 Miles Davis 와 애니타 오데이 Anita O'Day 의 이야기가 인상적이었다. 마일스의 이야기는 심오하고 깊은 감동을 주는 내용이었지만, 애니타의 경우는 반대로 그녀다운 밝은 이야기였다. 어느 날 가게의 악단 앞에 서서 노래를 부르던 그녀는 갑자기 뒤에서 들려오는 아름다운 알토 색소폰 소리에 놀란다. 하지만 결국 뒤돌아보지 않고 그 소리에 떠밀리듯 끝까지 노래를 부른다. 뒤늦게 애니타는 돌아보지만 연주자는 이미 떠난 뒤였다. 악단장의 "방금 연주한 건 버드 bird* 였어"라는 한마디에 그녀는 '정말 새 같구

---

* 찰리 파커의 애칭. _옮긴이

나' 하고 생각했다는 이야기였다. 짧은 추억이지만 파커의 모습이 선명하게 그려져 있었다. 어딘가 현실이라기보다 뮤지컬이랄까, 동화 같기도 한 애니타다운 이야기였다.

8월 18일

본가에서 부모님과 텔레비전을 멍하니 보다가 음악 연주회 중계를 보게 되었다. 베토벤 교향곡 제1, 제2, 제3의 연속 연주였다. 처음에는 그냥 수다를 떨면서 들었는데 도중부터 박력 있는 연주에 점점 빠져들게 되었다. 제1도 제2도 좋아하는 곡이지만 이렇게 연속해서 들으니 「영웅 교향곡」에는 제1과 제2를 뛰어넘는 크기가 있는 것 같았다. 특히 「장송 행진곡」에서 거대한 크기를 느꼈다.

9월 4일

유럽 출장으로 먼저 파리에 가서 이곳저곳의 거리를 돌아다녔다. 유럽이라는 곳은 오랜만에 오면 뭔가 참 좋다. 화려한 감동은 아니지만 은근한 느낌을 받는다. 유럽에는 환경이 있다. 사람들이 풍요롭게 살아온 '환경의 풍족함' 같은 것이 있는데, 그것은 호텔을 걸어도, 거리를 걸어도, 열차 속에 있어도 느껴진다. 옛 유럽의 매력이다. 대항심으로 말하는 것은 아니지만 아시아에도 물론 특별한 환경이 있다. 아시아의 여러 도시는 고온다습하고 활기로 가득하며 생명감이 넘치고 언제나 모든 것이 변해가는 현재진행형 환경이랄까? 유럽과는 다른 매력이 있다. 하지만 유럽인들이 만들어온 그들의 환경도 특별하다.

9월 5일

밀라노에 왔다. 하늘은 끝없이 푸르면서도 투명했고 벌써 가을이었다. 맑은 공기와 하얀 구름, 일본이었다면 운동회가 열릴 듯한 근사한 하루였다.

자동차로 밀라노 거리를 달렸다. 이탈리아의 도시는 화려하달까, 사납다고 할까. 하얗고 아름다운 파리의 통일된 도시 경관과는 전혀 다른 세계의 풍경을 가지고 있다. 8세기부터 20세기까지 1000년 이상의 시간 동안 저마다의 시대 속에서 나온 건축예술군群이 한자리에 존재하며 직접 연결된 모습에서 어떤 잔혹함마저 느껴진다. 마치 커다란 오페라 무대가 현실화되어버린 듯한 착각을 일으킨다. 그러나 이건 무대가 아니라 실제 풍경이다. 이전 세기 위에 다음 세기가 올려진, 역사가 겹겹이 쌓인 무정한 풍경이다. 이래 봬도 밀라노는 이탈리아 안에서 꽤 모던한 편이니, 이탈리아라는 나라가 얼마나 대단한지 알 수 있었다.

9월 6일

밀라노에서 서㢊스위스를 향해 열차로 북상했다. 차창의 경치가 북이탈리아 지방의 농촌 풍경에서 점차 스위스의 화강암으로 이루어진 대자연의 산악 지대와 포도밭 풍경으로 변하는 것이 꽤 인상적이었다. 멍하니 바깥 경치를 보면서 음악을 들었다. 아이팟iPod의 등장으로 출장을 가서도 음악을 자유롭게 고를 수 있게 되었다. 셔플 기능이라는 걸 좋아해서 자주 사용하는데, 풍경에 전혀 맞지 않는 곡이 나와 흠칫 놀랄 때도 종종 있다. 세 시간 이상의 긴 여행이었지만 열차가 대자연 속을 조용하게 달려서 쾌적한 여행이 되었다. 일몰 즈음 스위스 로잔에 가까워졌다. 레만 호수와 산들의 풍경이 놀라울 정도로 아름다웠다.

1부

환경과 건축

새로운 자연

자유로운 발상과 사회성

건축설계에는 사회성이 담겨 있다. 나는 항상 자신만을 위해서 설계하기보다 사회와 타자에게 열려 있는 건축을 하고 싶다고 생각해왔다.

그런 의미에서도 가능성을 만든다는 것은 매우 중요한 일이다. 사람들에게 어떤 가능성을 느끼게 하는 건축을 하고 싶다. 그러나 반대로 사용자가 예상과 다르게 사용해서 되레 놀라는 경우도 있다. 물론 내 콘셉트나 설계의 의도를 거주자는 이해하고 있겠지만, 그래도 역시 가구건 커튼이건 나라면 전혀 다른 선택을 했을 것 같은 경우가 생긴다. 내가 할 수 없고 그들만이 할 수 있는 주거 방법, 사용 방법이 발생한다. 건축물을 사용하는 것은 창조적인 행위다. 사용자의 주거 방법에 촉발되어 건축을 하고, 또 반대로 만드는 사람의 창조가 사용하는 사람의 창조를 불러일으키는 쌍방향적 관계에 매력을 느끼기도 한다.

'모리야마 주택'(2005년)이라는 사각형 상자가 분산된 듯한 집합 주택을 설계했다. 모리야마 주택을 설계하면서 집합 주택에 한정될 필요는 없다고 생각했다. 소유주인 모리야마 씨는 '언젠가 모든 건물을 자신의 집으로 사용하고 싶다'는 생각을 가지고 있었다. 처음에는 집합 주택으로 시작하고, 그 후 한 채 한 채 자신의 영토를 넓히듯이 최종적으로 전부 자택으로 사용하고 싶다고 했다. 집합 주택 같은 건축을 전용 주택으로 보는 모리야마 씨의 사고가 매우 재밌게 느껴졌다. 그래서 집합 주택으로밖에 사용할 수 없는 한정적인 건물보다 타인이 보았을 때 '다른 방법으로도 사용할 수 있을지 모른다'는 상상력을 환기시키는 건축을 하고 싶어졌다. 사람에 따라서 유치원이나 복지 시설, 학교로도 사용할 수 있다고 자유롭게 생각할 수 있는 건축이 좋을 것 같았다.

이렇게 우리의 삶과 사용법과 직접적으로 이어져 있는 건축을 기존의 기능에 구애받지 않고 자유롭게 사고하며 만들어보고 싶다.

무엇에 근거해 디자인하는가

디자인에는 이론적인 부분과 감각적인 부분이 있다. 지진이 발생했을 때 건물이 몇 밀리미터 변형되는가와 같은 부분은 이론적이고 형식적인 계산으로 예상할 수 있다. 한편 건축에서는 감각적인 부분도 상당히 중요하다. '현재 사람들은 무엇에 공감하는가'라는 것을 수치해석같이 정량화하기는 매우 어렵다.

건축으로, 문자로, 그 시대의 막연한 기분이나 분위기를 추상화하고 어떤 형태를 부여한다. 그것도 어떻게 보면 형식화지만 정해진 수치는 존재하지 않는다. 더욱더 직접적으로 자신의 감각에 따라 만들 필요가 있다. 한 시대의 풍경과 가치관은 이론에서도 나오고 감각적·본능적으로도 나온다.

200년 전의 주택을 생각해보자. 당시에는 차도 없고 텔레비전도 없고 방 배치도 지금과 전혀 달랐다. 현대와는 전혀 다른 가치관과 상식이 존재했다. 다른 시대에 사는 우리의 입장에서 보면 놀라울 정도로 모든 것이 다르다. 그래도 그것이 주택임을 이해할 수 있고, 오히려 그 시대 나름의 풍경과 가치관, 생활양식이 전달되어 감동하는 경우마저 있다.

시대마다 그 시대의 정신성에 따라 건축을 해왔다. 여기서 '자신'이라는 존재는 시대와 사회에 의해 만들어짐을 깨닫는다. 그런 의미에서 이론적인 부분을 배제하고 자신이 재미있다고 느끼는 것을 창조로 옮기면 결과적으로 시대의 중요한 무언가가 나타나지 않을까?

물론 지금 재미있다고 느끼는 것들이 실은 과거에도 존재했기 때문에, 그런 의미에서 보면 현재가 순수하게 현대만으로 구성되는 것은 아닐지 모른다. 현대성 속에는 역사도 포함되어 있다.

또 한 가지, 이렇게 말하면 클라이언트가 싫어할지도 모르지만 나는 그 사람에게 맞는 건축을 만듦과 동시에 그 사람 외의 사람도 거주할 수 있도록 만들고 싶다. 누구라도 상관없다는 의미가 아니라 그 시대를 살아가는 사람이 공감할 수 있는 건축물을 만들고 싶다는 말이다. 건축에는 모델화, 보편화라는 행위가 필요하다.

이때 클라이언트의 거주 방법은 매우 참고가 된다. 지금 설계하는 주택은 비즈니스 파트너인 두 여성이 일을 하면서 거주하는 주택이다. 그곳은 기숙사 같기도 주택 같기도 회사 같기도 해서 지금까지의 주택 이미지로 파악하기 어렵다. 이런 거주 방법에는 클라이언트의 주문에 따른, 그들을 위한 개별적인 답안을 넘어 '현대적'이라고 형용하고 싶은 일반성이 있다. 나로서는 단순히 그들의 개별적인 요망에 응하는 것으로 끝내고 싶지 않다. 현대인들의 생기 있는 거주 방법을 느낄 수 있는, 현대성에 대해 생각하게 되는 건축을 하고 싶다.

부분과 전체, 표층과 골격의 전달 방법에 대해서

건축가에게는 확실히 단순한 표면과는 다른, 평면 계획이나 구조 계획같이 이른바 '골격'으로 승부하고 싶은 마음이 있다. 그렇다고 해서 표면과 인터페이스 같은 부분을 가볍게 여기는 것은 아니다. 사람을 관상이나 옷차림, 얼굴색으로 파악하는 경우가 있고 사물의 표면에도 일종의 구조, 법칙성이 종종 나타나기에, 건축에서도 표면적인 부분은 중시된다. 골격과 표면 중 어느 한쪽만을 중시하지 않고 양쪽을 생각하는 것이 상식이 되었다.

예를 들면 '가나자와 21세기 미술관'(2004년, 세지마 가즈요 妹島和世와 공동 설계)에는 전시실이 2만 제곱미터나 이어지지만, 아마도 방문하는 사람들의 90퍼센트 이상이 모든 전시실을 방문하지는 않을 것이다. 평면도의 모든 장소를 체험한 사람은 거의 없지만 그래도 방문한 사람은 모두 가나자와 21세기 미술관의 전체적인 감상을 갖게 된다. 극히 일부를 체험해도 그 건축의 전체성을 이해할 수 있다. 건축가가 표면과 구조에 집착하는 이유는 바로 이런 것과 관계된다.

아이폰iPhone이라는 제품의 모든 기능을 사용한 다음에 좋다고 평하는 사람은 없다. 조금 만져보고도 좋다고 말한다. 마찬가지로 맨해튼의 구석구석을 전부 걷지 않아도 뉴욕이라는 장소의 개념은 전달된다.

건축도 마찬가지다. 순간적이고 부분적인 체험으로도 감을 잡을 수 있다. 전부를 체험하지 않아도 그 건물을 만든 방법과 건물의 개념이 전달된다. 그것이 인간의 뛰어난 점이다. 개개의 공간 체험이 반드시 좋은 건축으로 이어지지는 않는다. 인간은 개념을 체험하기 때문이다.

'쉬운 이해'를 목표로 한다

나는 '쉬운 이해'를 중시한다. 직접 쓴 문장도 그렇지만 건축도 되도록 이해하기 쉽고 심플하게 만들고 싶다.

건축이라는 것은 기본적으로 누구나 사용할 수 있도록 되어 있다. 나는 그런 쉬운 이해와 심플함을 좋아한다. 사각형과 원의 차이는 이해하기 쉽다. 만약 축구를 원형 경기장에서 한다면 완전히 다른 스포츠가 되어버릴 것이다. 또 같은 사각형의 방이라 할지라도 다다미 두 장의 넓이와 100장의 넓이의 방에서는 전혀 다른 일이 발생한다. 이렇듯 형태와 치수가 변하면 사용법과 행동도 변한다. 이건 누구나 알 수 있는 보편적인 일이다.

나는 건축의 보편성에 흥미를 가지고 있는데, 그 보편성과 마주하는 것은 나에게 이야기를 어렵게 만드는 것이 아니라 오히려 매우 알기 쉽게 만드는 일이다.

가나자와 21세기 미술관에서도 '도와다 시市 현대 미술관'(2008년)에서도 많은 사람들이 보고 '열려 있다'고 느낄 수 있는 이해하기 쉬운 상태를 목표로 했다. 분명하게 건축이 말하고자 하는 바를 중시했다.

전문적인 지식이나 예비 정보 없이 무심하게 감각적으로 전달되는 건축. 그런 명확함을 가지고 건축을 하고 싶다.

새로운 경험, 새로운 '자연'

'새로운 경험을 만든다'는 것은 중요한 과제다. 예를 들어 '사람이 처음으로 열차에 탔을 때'를 상상해보면 그것이 굉장한 경험이었음을 알 수 있다. 거리와 시간의 개념, 전제가 크게 변하기 때문에 말로 표현할 수 없는 경험이었을 것이다.

건축의 역사에는 그런 일이 가끔씩 있었다. 예를 들면 집회소라는 공간은 모두가 같은 장소에 모여 같은 경험을 할 수 있는 상태를 만들었다. 그것은 집단 사회가 획득한 새로운 경험 중 하나였다. 공공성이나 프라이버시라는 것이 시대에 따라 변해갈 때 건축은 그것과 크게 관계되어왔다. 물론 전철과 비행기, 혹은 텔레비전이나 휴대전화, 인터넷 등 다양한 사물들도 인간의 경험을 크게 바꾸어왔지만 건축도 마찬가지로 새로운 경험을 만들어냈다.

전에 휴대전화를 개발하는 사람들과 이야기를 나눈 적이 있는데, 그들은 유비쿼터스 사회나 앰비언트 컴퓨팅 같은 것을 지향하고 있었다. '앰비언트ambient'란 주위를 둘러싼 환경을 뜻하는 영어 단어다. 즉, 컴퓨터나 단말의 존재를 의식하지 않고 언제 어디서나 사용할 수 있는 상태를 가리킨다.

같은 인터넷 시대라고 해도 예전에는 전선으로 연결된 매우 부자유스러운 상태였다. 그것이 무선이 되고 모바일이 되어 점차 구속이 사라지고 자연스러운 상태가 되고 있다. 전자 정보로 얽힌 상태가 아니라 오히려 자연스럽게 벌거벗은 상태를 목표로 하는 느낌이다. 그것은 환경 만들기라는 점에서 우리 건축가들과 어딘가 닮아 있다. 휴대기기건 건축이건 인간의 창조물들이 사회 전체를 통해 우리에게 새로운 '자연'이란 무엇인가를 물어오는 것 같다. 나는 건축이 앞으로도 새로운 경험을 만드는 역할을 할 것이라고 생각한다.

개인과 사회는 동일하다

미국에서 톨레도 미술관Toledo Museum of Art의 '글라스 파빌리온 Glass Pavilion'(2006년, 세지마 가즈요와 공동 설계)을 만들었을 때의 일이다. 지역 주민이 매우 기뻐하며 '우리를 위해 만들어줘서 고맙다', '우리 지역에 잘 만들어줬다' 같은 말을 했다. 일본에서 공공 공간이란 '함부로 사용해서는 안 되는 장소' 같은 인식이 있다. 사고방식의 차이도 있어서 공공장소에서는 조심스럽게 행동해야 한다. 그런데 톨레도의 주민들은 공공 공간을 자신들이 사용하며 즐기는 장소, 자신의 소유라고 인식하고 있었기 때문에 일본과의 인식 차이가 상당히 인상적이었다. 미국에서는 미술관의 90퍼센트 이상이 공립이 아니라 사립이다. 모두가 돈을 내며 만든다. 행정에 부여된 미술관이 아니다. 공공 건축이라고 해도 자신들의 돈으로 만들어 운영하고 있다.

사회는 한 사람만으로 절대 성립되지 않는다. 자신의 의견을 말하고 그것을 들은 사람이 '나라면 이렇게 생각한다'라고 사고하는 것이 매우 중요하다. 제안하는 개인이 모여 비판과 공감을 반복해간다. 그렇게 개인으로는 도달할 수 없는 상황이 사회다. 그런 의미에서 각자가 그들 나름대로의 감수성과 의견을 갖는 것이 매우 중요하다. 사람은 개인이면서 동시에 사회적 존재이기도 하다.

원래 건축이란 공공성과 프라이버시 같은 것과 깊은 관계가 있는 분야지만, 사실 나는 건축을 창조하는 행위에 대해

'내 나름대로 굉장한 건축을 하고 싶다'라고 생각하는 부분이 크다. 그러나 그것은 동시에 건축을 제안한다는 사회적 활동의 측면도 가지고 있다. 내가 볼 때 나 개인의 건축 창조는 사회에 참여하는 '태도'이기도 하다.

도와다 시 현대 미술관의 설계 사상

이곳은 아오모리 현 도와다 시에 세워진 시립 현대 미술관이다. 도와다 시 중심부에는 간초가이도리官厅街通り(관청가 거리)라고 불리는 큰 거리가 있는데, 이 거리와 면해서 미술관이 계획된 부지가 있다. 최근 대로변의 관청 시설 몇 개가 사라지면서 간초가이도리 곳곳에 공터가 생겼고 그것이 경관상 하나의 문제가 되었다. 이에 시는 이 공터들을 문화·예술 활동의 장으로 재정의하고 간초가이도리 전체를 문화적인 거리로 재생하는 계획을 진행하고 있다. 이 미술관은 그 일환으로 계획된 것이다. 우리는 이 점을 중시해 건축물만으로 특화된 계획이 아니라 건축과 도시, 미술과 건축이 상호 연속성을 가진 상태를 지향했다. 또한 명칭은 '도와다 시 현대 미술관'이지만 건물은 단순한 전시 기능뿐 아니라 카페나 라이브러리,

시민 활동 장소와 같이 시민에게 열린 기능도 갖추고 있다. 어떻게 보면 시민을 위한 커뮤니티 센터의 성격을 겸비했다고 할 수 있다. 건축을 생각할 때 어떤 식의 개방적인 건축이 존재할 수 있는가 하는 점이 매우 큰 테마 중 하나가 되었다.

전시될 작품의 대부분이 영구 설치형 커미션 워크commission work*라는 점에서 우리는 분동分棟 형식의 미술관을 제안했다. 전시실들을 각각 독립시켜, 간격을 두고 부지 전체에 분산 배치하는 것이다. 이 구성에는 다양한 메리트가 있다. 우선 첫 번째로 각 전시실의 형태를 따로따로 만들 수 있기 때문에 각 아트 작품의 요망과 특징에 맞춘 개별 공간을 만들 수 있다. 두 번째로 어떤 전시실이든 외부와 직접적으로 접하기 때문에 어느 쪽에서든 채광이 가능하다. 세 번째로 각 전시실이 떨어져 있기 때문에 작품마다 독립적인 환경, 즉 프라이버시를 만들기 쉽다. 네 번째로 정원과 건물이 서로 섞이며 건축 전체가 틈이 많은 존재가 됨으로써, 그 안에 어떤 개방성과 투과성이 발생한다. 또 분동으로 인해 건축 하나하나가 소규모화되고, 아트 작품과 거리에 있는 나무들의 사이즈가 비슷한 스케일이 되어 '건축 = 컨테이너, 아트 작품 = 콘텐츠'라는 종래의 관계성과는 다른, 건축과 아트 작품이 대등하게

● 의뢰 제작 설치 작품. _ 옮긴이

섞이는 듯한 상태가 발생한다. 그 점도 분동 형식의 커다란 메리트 중 하나라고 본다.

　각 전시실은 독립적으로 분산 배치되면서도 개방적인 유리 복도로 연결되어 있어서, 사람들은 그 유리 복도를 따라 이동할 수 있다. 유리 복도는 여러 개 준비되기 때문에 정해진 관람 순서 없이 다양한 방법으로 이동할 수 있다. 오히려 각자 이동하면서 순서를 만들어간다. 전시실과 전시실 사이에 발생하는 옥외 정원 공간은 옥외 전시실이 되거나 이벤트에 사용되는 광장같이 다양한 용도를 가진다. 건물 안을 걷는 사람들은 실내에서 작품을 보고, 전시실에서 전시실로 이동할 때 야외 작품을 보거나 지역과 거리를 보며 아트 작품과 지역을 동시에 느낄 수 있다. 또한 거리를 걷는 사람들도 각 전시실 간의 틈 너머로 건물 내부를 엿볼 수 있고 건물 내부를 도는 사람들의 모습도 볼 수 있다. 건물 전체가 투명하고 개방적이다. 우선 각 전시실과 복도가 개방적이며 각 전시실이 마치 시내에 내던져진 듯한 형태로 간초가이도리에 근접하게 배치되어, 사람들은 부지 경계선이 사라져버린 듯한 건축과 도시의 일체화를 느끼게 된다. 건축과 도시와 아트는 기본적으로 각기 다른 장르지만 여기서는 그것을 전부 동시에 체험할 수 있다. 서로 무관계가 아니라 아트 작품과 건축과 도시가 모두 동시에 발생하는 듯한 공공장소의 실현을 목표로 했다.

도와다 시 현대 미술관 간초가이도리에서 바라본 미술관이다. 거리와 부지가 연속된 구도를 이루고 있다.

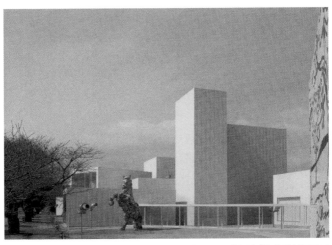

도와다 시 현대 미술관 각각 예술 작품이 전시된 15개의 크고 작은 상자들이 긴 복도로 연결되어 있다. 외부에도 작품이 배치되어 있다.

도와다 시 현대 미술관 상자를 연결한 복도를 걸으면 부지 너머로 거리의 풍경과 전시된 작품들이 한눈에 들어온다.

도와다 시 현대 미술관 마이클 린(Michael Lin)의 작품이 바닥에 그려진 휴게 공간 겸 카페.

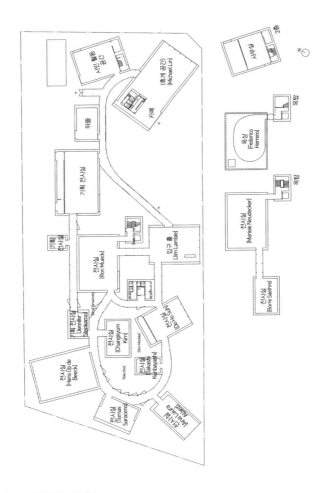

도와다 시 현대 미술관 평면도

정원 같은 집

'HOUSE A'는 오래된 목조 주택이 밀집된 주택지에 세워진 독신자를 위한 주택이다. 클라이언트는 파티를 열 수 있을 정도의 넓은 공간과 게스트가 묵을 방, 침실, 부엌과 식당, 욕실 등의 설치를 원했다. 부지는 남북으로 긴 형상을 하고 있고 동서로 인접한 땅에는 바로 앞까지 목조 가옥이 바싹 세워진, 건물이 빽빽이 들어선 장소였다. 약간 어두운 느낌의 환경이다. 그래서 나는 각 방을 구슬 꿰듯 나란히 두면서도 겹치지 않도록 엇갈리게 배치함으로써 전체를 밝게 만들 수 있지 않을까 하고 생각했다. 전체 구성을 보면 도로 쪽부터 순서대로 게스트 하우스, 현관 로비 겸 구두 방, 일광욕실 겸 세탁실, 부엌과 식당, 드레스룸 등이 좌우로 엇갈려 부지 모양을 따라 나란히 놓이며, 기본적으로 단층집에 가까운 구성(침실만 2층)

이다. 각 방을 엇갈리게 배치함으로써 여기저기에 틈이 생겨서 건물 내부에 빛이 들어왔다. 건물의 구석구석까지 빛으로 가득한 매우 밝은 공간이 되었다.

구조 계획 측면에서 보면 한층 더 투명하고 개방적인 구조물(가구架構)을 목표로 벽 구조가 아닌 주량柱梁으로 이루어지는 프레임 구조를 생각했다. 전체가 100밀리미터 × 100밀리미터인 H형 강재鋼材로 짜여서 매우 섬세하고 가벼운 구조물이 되었다. 실내라기보다는 마치 정원 같은, 푸른 하늘 아래 가구家具와 식물이 뿔뿔이 놓인 듯한 느낌이랄까. 빛이 넘치는 밝은 환경을 만들어낼 수 있지 않을까 하고 생각했다. 예를 들면 건물의 한가운데에 있는 일광욕실 겸 세탁실은 세탁물을 말리거나 꽃에 물을 주거나 파티에 사용하는 식으로, 사용법도 공간의 인상도 이 건물에서 가장 정원에 가까운 공간이라고 할 수 있다. 큰 천창이 있어서 점심때나 여름과 가을에는 이곳을 활짝 열면 방 전체가 안뜰이 되어 천천히 바람이 흐른다. 하지만 이 방에 국한되지 않고 어떤 장소에서든 안과 밖의 차이가 없는 것처럼 느껴지는, 전체가 정원 같은 투명하고 개방감 있는 공간이길 바라며 설계했다. 여기에서 말하는 '투명'도 근대건축에서 보이는 유리와 철로 이루어진 위압적인 투명함이 아니라 오히려 봄의 햇살같이 평온하고 쾌적한 공간을 목표로 했다.

일체화하는 안과 밖

─　이번 특집의 테마는 주택의 '정원'입니다. 그렇지만 오래 전부터 일본에 존재해온 '감상하는 정원'이 아닌, 현대건축에서의 정원의 가능성을 모색해보고 싶습니다. 니시자와 씨는 HOUSE A를 '정원 같은 집'이라는 제목으로 잡지에 발표하셨는데요. 정원이라면 나무 그늘이 있고 조금 축축하며 건물에 가까워질수록 건조해진다는 이미지가 있습니다. 그런데 니시자와 씨의 HOUSE A가 가진 공간은 달라요. 오로지 밝고 건조하지요.

니시자와　원래 습기 같은 부분에서부터 정원을 의식하기 시작했습니다.

HOUSE A를 만들기 전에 모리야마 주택이라는 집합 주택을 만들었는데, 그 건축은 분동이 되어 한 채 한 채가 정원을 가진 임대 주택입니다. 그 정원을 사이에 두고 서로 관계하지요. 정원에는 음지인 부분과 양지인 부분이 있는데 양지는 굉장히 건조하지만 음지는 축축하고 이끼와 음지 식물이 핍니다. 음지는 이 우라타 浦田(도쿄 도 오타 구)라는 지역이 원래부터 가지고 있는 골목 같은 틈새 공간이에요. 그런 부분에 영감을 받았다고 할까요? 밝고 건조한 정원보다 도시 속 상업지역의 습한 틈새 공간 같은 부분에서 시작했습니다.

정원에서 하는 행위

— 모리야마 주택과 비교해보면 HOUSE A는 정원과 내부가 융화된 느낌이네요.

니시자와 모리야마 주택 때도 안과 밖을 연속시키려는 의식은 많이 있었습니다. 개구부를 되도록 크게 만들어서 방 안으로 들어올 때 부담이 없고 밖으로 나갈 때의 부담도 없는 상태를 목표로 했습니다. 그러나 모리야마 주택은 상자 형태였기 때문에 안과 밖이 어딘가 다른 느낌이 들었습니다. 지금은 오히려 그래서 좋았다고 생각하지만, HOUSE A에서는 안과 밖을 더욱 융합시키려고 했습니다. 이전에 나폴리의 남쪽에 있는 살레르노Salerno라는 지역의 구시가지를 방문했을 때 그곳에서 방치된 채로 사용되지 않는 폐가 같은 건물을 많이 볼 수 있었는데, 지붕이 무너져서 돌과 벽돌 벽만 남아 안뜰처럼 되어 있었습니다. 벽만 남고 지붕이 없었기 때문에 안과 밖의 차이가 적어서 매우 인상적이었습니다. 집 안에 풀과 나무가 자라고 무너진 지붕에서 빛이 들어오고 새가 나는 모습이 아름답게 느껴졌어요.

모리야마 주택을 통해 정원이라는 것이 정말 재밌고 다양성을 가진 세계라고 생각하게 되는 한편, 안과 정원은 본질이 다르다는 것도 분명히 느꼈습니다. 그래서 반대로 정원을, 정확히는 정원이 사람들에게 느끼게 하는 공간의 매력을, 한층 건축 공간적인 문제로 만들 수 없을까 생각해보는 계기가 되었습니다.

— 지금까지 일본의 공간은 나뉘어 있으면서도 연결성을 위해 툇마루 같은 완충 공간이 구성된 형태였는데 그런 방법을 사용하고 싶지 않으셨나요?

니시자와 지금 생각해보면 그런 방법도 좋은 것 같아요. 또 지금이라면 아마 적극적으로 사용할 것 같고요. 하지만 모리야마 주택을 만들 때는 건물을 뿔뿔이 흩어두려고 했기 때문에 툇마루 같은 중간 영역을 사용하지 않았습니다. 그냥 냉정하게 기존의 거리를 바라보면서 좋은 틈과 나쁜 틈이 있구나 하는 느낌으로 생각하기 시작했습니다.

— 좋은 틈과 나쁜 틈, 감각적인 건가요?

니시자와 순간적으로 이해할 수는 있지만 치수를 사용해서 모델화할 수는 없다고 봐요. HOUSE A에서는 중간 영역, 제 나름대로 안이면서도 밖인 중간 영역적인 부분을 만들려고 했던 것 같습니다.

— 방끼리 조금씩 엇갈리게 연결되며 외부와도 밀접하게 관계하는 공간이군요.

니시자와 맞습니다. 일광욕실의 반은 개폐식 천창으로 되어 있는데, 열면 바람이 불기 시작해 방을 나누는 커튼이 흔들리고 거리에서 나는 소리가 멀리서 들리며 안인지 밖인지 분명하지 않은 장소가 됩니다. 또 다른 하나는 역할, 사용법입니다. 정원의 기능과 실내의 기능을 재검토했습니다. 우리는 집 안에서 많은 일을 하는데 어떤 일은 정원에서 하는 편이 좋은 경우가 있고 그 반대의 경우도 있을 수 있어요. 예를 들어 수다를 떨더라도 다다미 여섯 장, 높이 2~3미터의 폐쇄적이고 좁은 실내에서 수다를 떠는 편이 좋은 경우가 있고 정원 같은 곳에서 수다를 떠는 편이 좋은 경우가 있습니다. HOUSE A에서는 식물에 물을 주거나 세탁물을 말리는 일을 안과 밖 양쪽에서 할 수 있도록 했습니다. 안도 밖도 전체가 정원이라는 느낌이지요.

— 안에 있어도 밖에 있는 듯한 인상이군요.

니시자와 그렇습니다. 창문이 크다는 점이 중요해요. 창문을 정도 이상으로 크게 만들면 단순히 보고 보이는 구멍 이상의 것이 될 수 있으리라 생각했습니다. 주변 풍경이 한층 가깝게 느껴지도록 만들었어요.

— 이 집은 주택이 밀집된 지역에 세워졌는데, 건물 안에서 주변 환경이 잘 보이는 창문을 만들려고 하셨나요?

니시자와 주변의 집들이 HOUSE A를 지키는 하나의 레이어가 되기도 하면서 이중 삼중 레이어로 집과 거리가 연결되는 이미지를 갖도록 만들었습니다. 무리하게 개방하지 않고 쾌적하게 열리도록 했어요.

— 하지만 개방적인지 폐쇄적인지, 개개인이 느끼는 쾌적함은 다르지 않나요?

니시자와 그건 클라이언트에 따라 다르기 때문에 이야기를 나눕니다. 창문을 만드는 건 서로가 감각적으로 좋다고 한 다음의 일이지요.

정원을 건축적 공간의 성과로

— 모리야마 주택에서는 일종의 인테리어 비판을 하고, 이 HOUSE A에서는 또 반대로 가정적인 풍경이랄까, 건축을 구성하는 요소와 가구, 꽃, 커튼 같은 것을 등가로 다루며 구성하는 것처럼 보입니다. 미스 반데어로에Mies Van Der Rohe의 긴

의자나 페르시아 카펫같이 지극히 이질적으로 보이는 것이 중요한 요소가 되는 느낌이에요.

니시자와 맞습니다. 정원의 장점은 다양한 사물이 존재하면서 하모니를 이루는 부분에 있습니다. 그건 정원에서도 집 안에서도 똑같습니다. 현대적인 다양성을 가진 장소, 그런 현대 공간을 만들고 싶었어요. 창문을 크게 만들어서 바깥 풍경을 안으로 팍팍 들이고 쾌적한 공간을 만들면 좋겠다고 생각했습니다.

— 건축가로서 가구 같은 부분까지 전부 컨트롤하려고 하시는 건 아닌가요?

니시자와 그런 부분은 거주하는 사람의 라이프스타일, 생활이 중심이 됩니다. 이런 절반이 밖인 공간은 의외로 편리한 구석도 있습니다. 예를 들어 이 일광욕실은 세탁물을 건조하는 생활공간으로도 사용할 수 있어요. 이곳은 천장까지 높이가 4.4미터로, 천창에서 빛이 들어와 밝고 투명감이 느껴지지요. 바람이 빠져나가는 공간이기도 하고요.

— 이 주택에서 기존의 외부는 어떤 위치로 존재하나요?

니시자와 안에도 밖에도 식물이 놓여 있습니다. 부엌 역시 시골 농가처럼 실내이면서도 외부의 지면과 이어진 느낌인데, 신발을 신은 채 주저 없이 들어갈 수 있는 분위기일지도 모르겠네요. 애초에 외부 정원을 만들 여유가 별로 없었어요.

─ 건축 그 자체를 정원으로 할 수밖에 없었군요.

니시자와 그런 면도 있었습니다. 단, 너무 공들여 만든 정원이 아니라 원형적原形的 느낌으로 만들고 싶었습니다.

─ 어떻게 보면 아슬아슬한 느낌도 드는군요. 건축설계라고 하면 좀 더 공간에 강도를 준다고 할까, 색을 입히고 싶다고 생각하는 것이 보통인데요. 건축설계는 아무것도 놓여 있지 않은 공간을 전제로 하고 어떤 의미를 투입하고요. 그런데 HOUSE A에서는 그것을 의식적으로 피하고 거주하는 사람의 사용 방법이 어우러질 때 나오는 풍경을 중시한 것처럼 보이기도 합니다.

니시자와 어떻게 사용할지 생각하게 되는 공간을 만들고 싶습니다. 아무것도 놓이지 않았을 때도 정말 깨끗하고 좋긴 하지만, 물건이 점점 늘어나 괜찮은 분위기가 만들어졌을 때 기분이 좋아지는 것도 사실입니다. 사용이라는 행위의 창조성에 매우 흥미를 느끼고 있어요.

─ 이 부지는 안쪽의 길이가 약 20미터군요. 이 정도의 공간이 있으면 평면이건 단면이건 울퉁불퉁하게 만들고 싶어지는 걸까요?

니시자와 지금이라면 하나의 볼륨으로 만들 수 있을지도 모르지만, 당시에는 방 하나하나가 따로 놓이면서도 연속되도록 만들고 싶었습니다. 다양한 사물이 함께 존재하는 상태를 만드는 것이 하나의 목표였기 때문에 우선 방 하나하나가 달라야 한다고 생각했어요. 하나하나의 개성이 있어야 집합에 의미가 있다는 식으로요. 서로 다른 거실을 다섯 개 만든다는 사고방식입니다. 예를 들어 욕실에서는 입욕 외에도 머리를 말리거나 화장을 하기 때문에 머무는 시간이 길어지지요. 그렇게 보면 욕실도 거실 같아져요. 부엌이나 다른 공간도 마찬가지로 거실이 다섯 개 놓인 모습을 생각했습니다.

— 연결하면서도 모호하게 분할하고 싶으셨던 건가요?

니시자와 그렇습니다. 나뉘면서도 연속되는 공간. 우선 하나하나는 독립된 공간이면서 전체가 연속되는 공간이기도 합니다. 공간을 구분하는 커튼을 불투명한 재질로 선택하지 않은 이유는 풍경이 건너편까지 계속되는 느낌을 주고 싶었기 때문이지요.

— 구조적으로 특별한 부분은 없었나요?

니시자와 공사 차량이 접근할 수 없어서 몹시 애를 먹었습니다. 사람의 힘으로 직접 재료를 운반했고 잔토 처분도 모두 사람이 했어요. 전체를 100밀리미터×100밀리미터의 H형 강철로 만들었는데, 이것은 사람의 힘으로 조립할 수 있어야 한다는 조건에서 나온 것입니다.

동시대의 쾌적함

― 여기에 놓인 HOUSE A의 모형은 꽤 크네요.

니시자와 10분의 1입니다.

― 항상 이렇게 큰 스케일로 만드시나요?

니시자와 최근 그렇게 만들게 되었어요. 안을 여러 각도에서 볼 수 있도록 만든 모형인데 공간의 형태를 결정하는 동시에 안에 어떤 가구를 둘지, 어떻게 완성할지와 같이 다양한 일을 실물에 가까운 스케일로 생각하고 싶었습니다.

― 큰 모형으로 스터디를 하기 시작했다는 말을 알 것 같네요. 이 정도 크기로 스터디를 해야 요소가 입체화되어 보일 테니까요.

니시자와 맞습니다. 정말 쾌적한 집을 만들고 싶거든요. 하지만 '이렇게 다 보이는데 쾌적하다고?'라는 말을 듣는 경우도 있습니다.

― 쾌적해 보이는데요? 속박되지 않는 상쾌함이 넘치는 것 같습니다. 또는 쾌락적으로도 보이고요.

니시자와 쾌락적인 주택이라고 봐요. 자신이 지금 어느 지역에 살고 있는지 알 수 있는 집이라고 할까요. 여기가 뉴욕인지 방콕인지 같은 거요. 기후 풍토나 지역의 분위기를 느낄 수 있어서 자신이 속한 환경과 연결된 집. 그런 것이 쾌적하다고 생각합니다.

현대를 살아가는 우리의 가치관에 따라 만들어진 '쾌적함'에 대해 생각하고는 합니다. 우리가 가진 일용품은 각기 다르기 때문에 그걸 그냥 모아서 집을 만들 경우 쓰레기장처럼 되어버릴지도 모릅니다. 하지만 그런 물건이 모여서 일종의 쾌락성이나 풍요로움을 갖는 경우도 있지요. 모더니즘 건축의 시대부터 지금에 이르기까지, 욕실의 형태나 부엌의 설비가 변화한 것처럼 가치관은 다양하게 변해왔습니다. 그 속에서 지금 현시대의 우리가 쾌적하다고 느끼는 주택을 만들고 싶습니다.

긍정적인 관리

— 모리야마 주택으로 시작해서 HOUSE A에 이르기까지, 많은 발견을 하셨을 것 같은데 앞으로의 정원이나 주택의 전개 방향을 알려주세요.

니시자와 사용 방법이나 생활 방법과 관계한 후의 개방성이라고 할까요? 여기 놓인 모형은 'GARDEN & HOUSE'라는 현재 설계 중인 주택인데요. 이것으로 앞으로의 전개를 설명할 수 있을 것 같습니다. 비즈니스 파트너 둘이 거주하는 기숙사 같기도, 주택 같기도, 아틀리에 같기도 한 건물입니다. 각 층마다 반드시 정원과 방이 세트로 되어 있고 이것이 층층이 겹쳐져 있습니다.

— 가느다란 철골 기둥도 있군요. 슬래브도 강철인가요?

니시자와   콘크리트입니다. 벽을 만들지 않았기 때문에 각 층의 정원과 방을 자유로운 형태로 만들 수 있지요. 전체가 투명하고 개방적인 건물이지만 주변 환경은 그렇지 않습니다. 건물은 4미터×8미터의 부지에 있고 좌우와 전면에는 높이 31미터의 빌딩이 서 있어요. 부지가 큰 길과 접하지 않아서 이곳만 따로 떼어놓은 것처럼 10미터 높이로 만들 수밖에 없었지요. 마치 우물 바닥 같은 이상한 토지입니다.

— 빛은 들어오나요?

니시자와   겨우 들어와요. 주변이 모두 31미터 높이의 건물이기 때문에 더욱 골짜기처럼 되어버리지요. 그래서 최대한 빛을 느낄 수 있도록, 도쿄 도심에 산다는 것을 즐겁게 느낄 수 있도록 계획하고 있습니다.

— 굉장한 조건이네요.

니시자와   그래도 이 두 명의 클라이언트가 지적이고 적극적인 분들이라 재밌는 건축이 될 것 같습니다.

— 굳이 어느 한쪽을 고른다면 정원이 주역인 건물이군요.

니시자와   그렇지요. 또한 인간 역시 주역입니다. 주택은 거주하는 사람이 재미있는 사람이면 주택도 즐겁고 재밌어집니다. 삶의 즐거움이 전면에 나타나는 주택은 매력이 있어요. 거주하는 사람의 스타일, 인간적인 부분이 나옵니다.

— 그것이 니시자와 씨의 공간을 매개로 삼아 전면에 나오겠군요. 예를 들면 거주하는 분이 꽃을 사서 기르게 되거나 하는 식으로요.

니시자와 건축에는 매우 인간적인 부분과 인간을 넘는 커다란 부분이 있어서 그런 점이 굉장히 매력적으로 느껴집니다.

— 이야기를 들으니 모리야마 주택, HOUSE A, GARDEN & HOUSE 모두 점점 서로 닮아 보이네요(웃음).

니시자와 역시 동일 선상에 있네요(웃음).

HOUSE A 외부에서 바라본 일광욕실. 실내 바닥은 그라운드 레벨에서 10센티미터 높다.

HOUSE A 욕실, 부엌과 식당, 일광욕실이 조금씩 엇갈리면서 연속되어 전체를 만든다.

일체화하는 안과 밖

1F plan

2F plan

section1

1 Guest room
2 Foyer
3 Sun room
4 Dining room
5 Bath room
6 Bed room
7 Study room
8 Void

HOUSE A 평면도, 입면도.

가구와 건축에 대한 이야기

HOUSE A: 정원 같은 집

2007년, 혼자 사는 여성을 위한 주택 HOUSE A를 설계했다. 주택 밀집 지역에 세워진 HOUSE A의 부지는 남북으로 길고 동서로는 목조 주택이 바싹 붙어 있다. 또 남향 채광을 중시해 각 방을 엇갈리게 일렬로 배치함으로써 어떤 방이든 남쪽에서 빛을 받도록 했다. 각 방의 천장 높이도 독립된 치수를 부여해서 다르게 만들었다. 다섯 종류의 다른 거실이 독립된 상태로 연결된 건물이다. 또 건물과 가구를 함께 생각해서 일체화된 환경, 연속된 공간을 만들려고 했다.

HOUSE A의 욕조가 있는 방은 꽤 개방적이다(사진 1). 욕실은 몸을 씻는 것 외에도 여러 가지 일을 하는 장소다. 예를 들면 양치질을 하거나, 머리를 말리거나, 책을 읽는 것 등이다. 경우에 따라서는 입욕 외에도 상당히 많은 시간을 보내는 장소이다. 그래서 욕실도 거실로 생각할 수 있지 않을까 하고 생각해서 이 주택에서는 거실 같은 욕실, 거실이지만 욕조가 붙어 있는 방으로 만들었다. 부엌도 그렇다. 어떤 방이든 개별적인 기능을 넘은 공간으로 만들려고 했다.

모리야마 주택 이후 정원이라는 장소가 재밌게 느껴졌다. HOUSE A에는 커다란 정원을 만들 여유가 없었지만 내가 정원이라는 장소에서 느낀 공간적인 매력, 공간 전체에서 정원이 가진 개방감과 다양성, 도시와 건축의 연결 방법 같은 것을 전개할 수 없을까 생각하며 '밝은 정원 같은 주택'을 만들려고 했다.

일광욕실의 지붕과 창을 열면 바람이 들어오기 시작해 밖과 같은 공간이 된다. 마치 들판 같기도 거실 같기도 하다. 그 밖에도 각 방의 볼륨이 엇갈리며 작은 정원이 생긴다. 이 작은 정원과 실내가 번갈아 반복됨으로써 전체적으로 안도 밖도 없는 듯한 공간의 느낌이 난다.

HOUSE A에는 클라이언트가 가지고 있던 가구도 있다. 또 거기에는 미스 반데어로에의 '바르셀로나 소파'나 페르시아 카펫처럼 함께 의논하며 고른 것도 있다. 세탁기나 배수 시설도 가구처럼 생각해서 공간의 질뿐만 아니라 사용법도 정원에 가깝도록 안과 밖 어느 쪽에서든 사용할 수 있는 물건을 두었다.

이곳에서는 가구나 잡화가 공간 속에 존재하면서도 근사하고 생기 있는 생활이 가능한 공간을 목표로 했다. 가구는 중요한 역할을 맡고 있기 때문에 상황에 따라 기성품을 고르거나 직접 만들기도 했다.

각 방을 나누는 천은 가구와 건축 사이의 스케일에 맞춰 달았다. 각 방이 독립적인 공간이면서도 건물 전체로 보면 원룸인 상태가 이 주택의 테마 중 하나이기 때문에 그런 의미에서 이 천은 굉장히 중요한 역할을 한다. 전체를 나누는 역할이지만 반투명한 재질이기 때문에 그 투과성이 전체의 연속성을 부여한다. 가구, 천, 건축을 따로 다루지 않고 건축과 가구에 차이를 두지 않는, 전체가 연속되는 공간을 만들려고 했다.

모리야마 주택: 안과 밖이 넓어지는 생활

모리야마 주택은 집합 주택이다(사진 2). 각 거주인과 소유주의 집이 서로 독립적으로 세워졌으며 정원을 사이에 두고 연속되어 있다. 보통의 아파트에서는 각각의 집이 하나의 건물 안으로 들어가 일체화되어 있지만, 여기서는 각각의 건물이 따로 세워지고 집마다 전용 정원이 있다. 내부뿐만 아니라 외부 공간까지 사용할 수 있기 때문에 도심 속에서도 개방감을 가지고 지역 환경을 느낄 수 있지 않을까 하고 생각했다. 부지를 둘러싼 울타리는 없다. 골목과 정원, 주택, 가구가 전부 함께 있는 상태를 목표로 했다. 모든 거주자들이 잘 이해해주고 정원을 사용해주어서 고마울 따름이다. 자전거나 세탁기를 둔 거주자도 있고 소파를 둔 거주자도 있다.

사진 3은 모리야마 씨의 부엌과 식당이다. 독립된 한 개의 동棟으로 되어 있다. 매우 작은 공간이어서 공간과 가구가 일체화되었다.

이 집의 1층에는 부엌과 식당이 있고 2층에는 침실이, 지하에는 욕실이 있다(사진 4). 주변을 정원이 빙 둘러싸고 있기 때문에 건물의 4면에 개구부를 설치했다. 그리고 조리대를 중앙에 배치했다. 그러자 사방에서 사용할 수 있는, 조리대라기보다는 테이블 같은 존재가 되었다. 여기에 의자를 두면 책상으로 쓸 수도 있다.

그런 식으로 중앙 배치된 테이블, 건축, 정원, 골목이 서로 무관계한 상태가 아니라 연속성을 가진 세계로 완성되지 않을까 하고 생각한다. 건축으로만 끝내는 것이 아니라, 더 넓은 세계를 만들고 싶다.

사진 1 HOUSE A의 욕실.

사진 2 모리야마 주택의 외관. 부지와 도로 사이에 울타리가 없이 서로 이어져 있다.

사진 3 모리야마 주택. 정원 앞에 다른 집이 보인다. 정원에도 가구가 놓여 있다.

사진 4 부엌과 식당. 중앙에 조리대 겸 테이블이 배치되어 있다.

래빗 체어: 프리핸드법과 대량생산품

마루니 목공에서 만드는 '래빗 체어rabbit chair'는 원래 세지마 가즈요 씨가 의뢰를 받은 물건이었는데, 우연히 내가 옆을 지나면서 참견하는 바람에 회의에 참가하게 되어 공동 설계까지 맡게 되었다. 지금까지 내가 설계한 가구는 건축과 가구가 일체인 경우가 많았고 한 개씩만 생산되었는데, 이번에 처음으로 대량생산을 하게 된 것이다. 대량생산을 할 때 어떻게 해야 재미있을지 고민해보니 의자를 쭉 늘어놓으면 근사할 것 같다는 생각과, 하나하나가 각각 다른 형태를 하고 있으면 재밌을 것 같다는 생각이 떠올랐다. 그래서 대량생산이지만 프리핸드법으로 그린 토끼가 500마리 놓이면 귀엽지 않을까 하고 제안했다. 하지만 기계로 만들기 때문에 최종적으로는 모두 같은 형태가 되었다. 프리핸드법의 형태에도 몇 개의 안이 있었지만 최종적으로는 사진 5 속의 매우 지적이고 샤프한 토끼로 결정되었다. 개인적으로는 야심이 넘치고 젊은 정신을 가진 토끼가 나온 것 같다. 프리핸드법으로 그린 그림은 선이 조금만 바뀌어도 크게 변해서 지적인 토끼가 되거나 힘 빠진 토끼가 되기 때문에 좀 놀라웠다(사진 6).

뉴욕에서 '뉴 뮤지엄New Museum'을 설계했을 때 그곳에 래빗 체어를 두고 싶다는 이야기를 들었다. 그러나 그대로 두기에는 너무 작았기 때문에 미국인의 신체에 맞추어 좀 더 큰 의자를 만들었다. 그것이 '팻 래빗fat rabbit'이다(사진 7). '뚱뚱한 것을 귀여움으로 승화시킬 수는 없을까'라는 고민에서 이 형태가 탄생했다. 이 토끼들은 히다카 에리카日高惠里香라는 여성 건축가 겸 SANAA 직원이 낸 형태이다. 감탄할 만큼 마음에 드는 형태가 나왔다.

사진 8은 1층 카페의 모습이다. HOUSE A에도 다양한 의자를 두었지만, 뉴 뮤지엄 역시 유래가 다른 다양한 가구를 놓고 전체가 매력적인 공간이 되도록 이런 카페 풍경을 만들었다.

사진 5 래빗 체어.

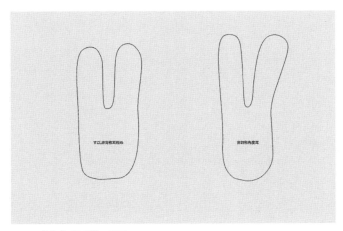

사진 6 래빗 체어를 위한 드로잉.

사진 7 뉴 뮤지엄을 위해 만들어진 팻 래빗.

사진 8 뉴 뮤지엄 1층의 카페. 다양한 의자가 놓여 있다.

구름과 같고 꽃과 같은 테이블

'보르도 하우스'는 렘 콜하스가 설계한 유명한 주택이다(사진 9). 이곳에 거주하는 분에게 아침 식사용 테이블을 만들어 달라는 의뢰가 들어왔다. 다양한 방법으로 테이블을 사용할 수 있다면 음식과 인간의 관계, 테이블과 인간의 관계가 변화해서 재밌을 것이라고 보고 스터디를 시작했다. 사진 10은 최초의 안이다. 하나의 구름 같기도 하고 꽃 같기도 한 모양으로, 직접 앉을 장소를 고를 수 있도록 했다. 사진 11이 최종안인데, 테이블을 분할하면 그 모양에 따라 더 다양한 장소나 사용법이 발생한다. 테이블을 하나 분할해서 사이드 테이블로 사용할 수도 있고, 합체해서 모두가 사용할 수도 있다. 이 테이블은 배치나 의자의 위치를 바꾸면 기능이 크게 변한다. 약간의 치수 변화로도 가구가 다양하고 드라마틱하게 변화하는 점이 재밌으면서도 어렵게 느껴진다.

사진 9 보르도 하우스의 식당.

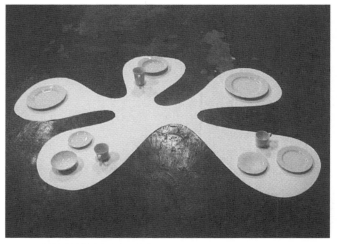

사진 10 테이블을 분할하기 전의 초기안.

사진 11 테이블의 최종안. 분할되는 작은 부분은 사이드 테이블이 된다.

신경 쓰이는 가구, 신경 쓰이는 건축가

왕의 건축: 미스 반데어로에

— 니시자와 씨가 영향을 받은 가구에 대해 알려주세요.

니시자와　꽤 오래전에 필립 존슨Philip C. Johnson 의 '글라스 하우스Glass House'(1949년)에 간 적이 있는데 그곳에서 책상을 발견했습니다. 이것이 그 사진입니다(사진 12). 단번에 미스의 작품이란 것을 알 수 있었습니다. 보통 테이블 위에는 가죽을 씌우지 않지요. 그의 건축 작품은 모던 스타일이지만 모더니즘이라고 생각할 수 없는 농밀함과 고귀함이 있습니다. 시민을 위한 작품이라기보다 왕의 건축이에요. 그의 가구에도 그런 분위기가 많이 있습니다.

미스의 건축은 기둥 하나, 유리 한 장을 봐도 하나같이 그의 작품이라는 것이 표가 납니다. 독창성 덩어리인 사람이에요. 인테리어나 가구를 봐도 미스가 만들었다는 것을 금방 알수 있지요. 예를 들면 이것은 '시카고 연방 센터'의 사진인데굉장히 무겁고 기품 있게 배치되어 있어요(사진 13). 미스라는 사람은 가구의 배치만으로 공간을 결정할 수 있는 건축가라고 생각합니다.

— 가구는 그것이 놓이는 장소와 주변과의 관계가 중요한것 같네요.

니시자와　미스의 가구를 건물에 어떻게 놓아야 할지 결정하기 어려워서 저도 지금까지 좀처럼 사용하지 못했습니다. 일본의 가옥은 작고 가볍고 섬세합니다. 반면 미스의 가구는 굉장히 무겁고 중후한 존재감이 있어서 일본의 가옥이 부서지지 않을까 싶었지요. 그래서 HOUSE A에 바르셀로나 소파를 놓을 때도 정말 신중하고 조심스럽게 다가갔습니다.

해피 라이프: 찰스 임스와 레이 임스

—　일본의 가옥에 맞는 가구로는 무엇이 있을까요?

니시자와　여러 가지가 있겠지만 하나는 역시 일본과 한국의 전통적인 가구입니다. 간결하고 아름답기 때문에 일본 가옥에 어울립니다.

　또 하나 예를 들면 건축가 부부인 찰스 임스와 레이 임스 Charles & Ray Eames 의 가구인데, 가볍고 경쾌하기 때문에 어울릴 것 같습니다. 팝 컬처, 이문화異文化가 혼재된 미국의 대중문화가 느껴지는 가구예요. 미스처럼 유럽 귀족의 물건 같지 않고 일반 민중의 물건 같은 분위기로, 발랄함과 즐거움이 넘쳐서 일본의 가옥에도 쉽게 놓을 수 있을 것 같습니다. 실은 제 사무소에서도 많이 사용하고 있어요.

　가구뿐 아니라 그들의 작품에는 뭔가 즐거움이 있습니다. 건축과 가구, 영화와 책 같은 주변 사물을 총동원해서 '짠!' 하고 만들어내는 것 같은 즐거움이지요. 이런 느낌은 그들의 가구에서도 영화에서도 느껴집니다. 자신이 만든 물건을 통해 라이프스타일을 나타낼 수 있는 훌륭한 작가이지요.

— 니시자와 씨도 그런 다양한 장르를 펼칠 생각이 있나요?

니시자와 글쎄요. 영화는 기회가 있을지 없을지 모르지만 가구, 잡화, 정원이나 식물, 그리고 도시라는 우리의 삶에 관련된 모든 공간적인 것에 대한 흥미는 있습니다.

모더니즘의 생생한 정신: 르코르뷔지에

— 르코르뷔지에Le Corbusier에 대해선 어떻게 생각하시나요?

니시자와 르코르뷔지에는 제가 가장 존경하는 건축가입니다. 건축 이야기를 시작하면 끝이 없을 것 같으니 가구에 대해 이야기하겠습니다. 이 사진은 '작은 집une petite maison'(어머니의 집, 1925년)입니다(사진 14). 르코르뷔지에의 '근대건축의 5원칙' 중 하나인 수평창이 보입니다. 그리고 그 앞에 창문턱이 있고 테이블이 있어서 가구와 건축이 하나의 연속성 속에서 계획된 것을 알 수 있습니다. 르코르뷔지에 작품의 대부분은 건축과 가구가 일체화되어 있습니다.

이곳은 그가 부모를 위해 만든 주택인데, 처음 방문했을 때 이렇게 작은 주택 속에 그가 제창한 근대건축의 5원칙이 모두 들어 있다는 사실에 감동했습니다. 자유로운 평면, 파사드

facade,* 옥상정원, 필로티pilotis,** 수평창이 전부 존재합니다. 그리고 모두 매우 풍요로운 공간으로 결실을 맺고 있습니다. 자신에게 가장 소중한 사람인 나이 드신 부모님을 위한 집을 만들면서 이론을 버리지 않고, 오히려 그런 집이기 때문에 자신의 이론으로 마주한 점이 이 건물이 가진 또 하나의 훌륭한 점입니다. 거짓과 허세로 이론을 말하지 않고 진정으로 필요하다고 여기며 5원칙을 말하고 있음을 누구나 느낄 수 있는 공간입니다. 그리고 그곳에는 건축과 가구가 유기적으로 얽혀 있습니다. 방금 전의 창문턱도 그렇지만 자유로운 평면이라는 측면에서 봐도 입구에서 거실로 이어져서 욕실이 되는 식으로 유기적인 공간의 변화를 가구와 건축이 서로 어우러지며 만들어내고 있습니다.

건축과 가구가 유기적으로 융합되어 발생하는 르코르뷔지에의 공간, 그곳에서 제가 느낀 것은 인간의 삶의 기쁨입니다. 매우 쾌락적이며 인간적이고, 동시에 근대의 생생함을 겸비한 풍요로운 삶의 방식입니다. 근대건축이 다른 세기의 건축과 어떻게 다른지를 나타낸 커다란 재산 중 하나입니다.

---

* 건축물의 주된 출입구가 있는 정면부. 건축 의장의 중심점. _ 옮긴이
** 건물 바닥의 전체 또는 일부를 기둥으로 지상(地上)에서 들어 올려 만들어지는 공간, 또는 그 기둥 부분. _ 옮긴이

사진 12 미스 반데어로에의 테이블. 테이블 윗면이 가죽으로 덮여 있다.

사진 13 시카고 연방 센터의 로비.

사진 14 르코르뷔지에의 작은 집(어머니의 집). 수평창에 붙은 창문턱.

현대의 투명성에 대해서

― 그럼 니시자와 씨가 생각하는 가구나 생활, 건축의 '현대 다움'은 무엇인가요?

니시자와 다양성이 하나의 키워드가 됩니다. 모던 스타일이라는 것은 매우 형식성이 강한 디자인인데, 순백의 볼륨이나 수직선, 수평선처럼 한 종류로 맞추는 느낌이 있었습니다. 일찍이 로버트 벤투리Robert Venturi도 비판한 '경사'가 들어갈 수 없는 세계입니다. 그에 비해 현대는 다양성, 그리고 경사나 커브가 과제로 떠오르고 있습니다.

또 한 가지, 투명성이라는 과제가 있습니다. 투명성이라는 개념은 모더니즘에서 발명된 것이 아닌 더 길고 오래된 역사적 과제입니다. 하지만 역사적 과제라는 것은 현대의 과제라는 의미이기도 합니다. 이 투명성과 다양성이라는 키워드가 현대적인 무언가를 나타내는 과제라고 생각합니다.

가구의 드라마틱한 부분

― 가구의 스케일에 대해서는 어떻게 생각하시나요?

니시자와 가구의 스케일은 재밌는 부분이지요. 40센티미터 정도의 높이라면 의자가 되지만, 35센티미터가 되면 소파 같은 다른 종류의 존재가 됩니다. 조금 치수를 바꾸는 것만으로도 기능이 변해요. 이 사진은 싱가포르의 어떤 호텔에서 발견한 나무 소파입니다(사진 15). 이렇게 앉는 부분이 판자로 되어 있어 굉장히 쾌적한 느낌을 주지요. 안쪽 길이도 1미터 이상 되고요. 보통 소파의 안쪽 길이는 길어봤자 60센티미터 정도인데 1미터나 되면 뭔가 다른 용도로도 사용할 수 있을 것 같습니다. 다른 기능이 나타난다고 할까요. 예를 들면 침대에 가까운 분위기가 나옵니다. 건축 이상으로 가구에서는 기능과 형태가 서로 드라마틱하게 관계되어 있기 때문에 매우 재밌어요. 또 건축에서도 그렇지만 가구에도 신체성의 문제가 있습니다. 푹신한 것만이 쾌적함을 나타내지는 않아요.

일본의 오래된 민가를 예로 들면, 딱딱한 판자를 댄 툇마루를 맨발로 거닐 때의 쾌락을 카펫으로는 표현할 수 없어요. 딱딱함과 소재, 크기로 쾌락의 방향성이 크게 변하는 것도 가구의 재미난 부분입니다. 또 약간의 치수 변화가 아름다운 것을 추하게 만들기도 하고요. 가구는 무서운 세계입니다.

연속하는 풍경

니시자와 HOUSE A를 설계하던 중 쿠바 아바나에 갈 기회가 있었습니다. 그곳의 호텔 로비는 매우 훌륭했어요(사진 16).

안도 밖도 아닌 듯한 반¥옥외 공간이었습니다. 파사드의 울
타리는 파이프 셔터로만 되어 있고 유리는 들어가 있지 않았
습니다. 또 이 울타리의 안쪽에 있는 공간에 장식이 되어 있
었고 그보다 더욱 안쪽에는 정원이 있었습니다. 안쪽 공간에
도 정원에도 나무가 놓여 있어서 비가 들이치기는 하겠지만
가구가 놓인 카페로 완성되어 아바나의 기후 속에서 매우 생
생하게 빛나는 공간이 되었습니다. 추운 유럽에서는 이렇게
만들 수 없지만 덥고 습도가 높은 일본에서라면 만들 수 있지
않을까 하고 생각했어요. 아시아 몬순 지방에서라면 만들 수
있는 높은 습도의 쾌적성이 그곳에 있었습니다.

저는 기회가 되면 주택이나 미술관 같은 어떤 용도의 건물
이건 설계하고 싶고, 건물을 만들 때면 그것이 어떤 용도건
가구를 함께 생각합니다. 가구와 건축, 그리고 정원, 거리, 도
시는 모두 연속되어 있으며 하나의 세계로 연결되어 있습니
다. 건물을 만든다는 의미에서는 건축가이지만 동시에 도시
환경도 만들고 적극적으로 지역, 커뮤니티, 거리같이 도시에
대해서도 생각해보고 싶습니다. 그렇게 제가 바라는 환경을
만들기 위해서는 거리의 모습과 마찬가지로 가구 역시 중요
합니다.

사진 15 싱가포르에서 발견한 소파. 안쪽 길이가 1미터나 된다.

사진 16 HOUSE A를 설계할 때 머무른 아바나의 호텔. 파이프 셔터로 안팎이 나뉘어 있고, 때때로 비바람이 들어오는 반옥외 공간에 가구와 식물이 놓여 있다.

주택에서 디테일이란?

자연스러움

HOUSE A를 설계할 때 나는 일종의 자연스러운 상태, 즉 환경의 존재만을 생각하고 건축이라는 존재는 그다지 생각하지 않았다. 또는 건축이 없는 자연스러운 상태를 지향했다. 평면적이건 단면 구성적이건 기발한 형태나 본 적 없는 공간 구성은 생각하지 않았다. 거주환경으로서 자연스럽고 쾌적한 공간을 지향했던 것 같다. 인공적 산물인 건축에서 자연을 지향한다고 하면 이상하겠지만, 여기서 말하는 자연은 신록이나 태양 같은 대자연의 자연이 아니라 '자연스러움'을 말한다.

막연한 이야기지만 현시대의 가치관을 통해 보편적인 건축의 모습을 만들고 싶다. 건축은 어떤 시대에도 그 시대의 가치관을 나타내왔다. 건축은 그 시대 인간의 자연스러운 삶과 그 방식을 선명하게 표현해왔다. 건축에는 우리가 무엇을 자연스럽게 여기고 무엇을 부자연스럽게 여기는지가 나타난다.

디테일은 굉장히 중요한 문제다. 사물로서 건축은 다양한 부분이 모여 완성된다. 즉, 건축은 주로 디테일로 이루어진다고 할 수 있다. 건축뿐 아니라 조각이건 열차건 전부 그렇겠지만 무언가를 발명하려고 한다면 우선 부품부터 발명하는 것이 가장 빠른 길이다. 기둥이나 대들보나 벽으로 건축을 해온 역사 속에서 갑자기 점토만으로 건축을 한다면 그것은 독창적인 건축이 될 것이다. 디테일이 변하면 전체가 변하기 때문이다.

하지만 무리하게 기발한 방법을 시도해서도 안 된다. 어디까지나 우리의 삶의 방식과 감수성, 가치관이 원하고 바라는 디테일이 있기 때문에, 우리의 가치관과 연결되지 않는 건축을 무리하게 만들어낸다고 해서 그것이 대단한 건축이 되지는 않는다. 스스로에게 자연스러운 상태, 현대의 감수성 그 자체 같은 건축을 지향하고 싶다. 그것은 건축 전체의 사상이기도 하고 디테일의 사상이기도 하다.

디테일이라는 전체 풍경

나에게 디테일은 부분이라기보다 전체성 같은 느낌이다. 디테일은 부분에 한정되지 않고 건축 전체의 풍경에 직접적으로 관여하기 때문이다.

건축을 실제로 체험해보면 아무리 작은 집이라도 동시에 여러 공간을 체험할 수 없다. 우선 외관을 보고, 현관에 들어가고, 거실에 가고, 2층에 올라가는 식이다. 그 순서 역시 다다르다. 이렇게 각 부분을 따로 체험한 뒤에 우리는 건축 전체에 대해 좋다거나 나쁘다는 인상을 받는다. 또 오늘 하루의 체험만으로 끝나는 것이 아니라 5년, 10년의 긴 시간을 사용하고 나서야 전체적인 인상, 이해 같은 것을 받아들인다. 우리는 각각의 체험을 하고 하나의 인상을 만들어낸다. 제각각 떨어진 것을 모아서 하나의 전체적인 건축의 모습으로 만들어내는 일종의 개념화, 추상화를 한다고도 볼 수 있다. 한편으로는 '건축의 평면'이라는 개념이 있기 때문에 우리는 전체성을 획득할 수 있다고 할 수 있을지 모른다. 그러나 나는 오히려 평면보다 디테일이 직접적으로 체험에 호소하며, 건축의 전체적 인상을 형성하는 데 큰 영향력을 끼친다고 본다.

건축은 다양한 디테일이 모여서 '조화'를 이루며 완성되어 풍경을 만든다. 예를 들어 지붕이나 대들보, 부엌이나 침실,

설비 계획, 구조 계획, 경치 등 무엇이든 다양한 디테일이 집합되어 건축이 완성된다. 그것들이 어떻게 모이는지에 대한 것은 '조화', 즉 디테일의 문제다. 이것을 다른 식으로 말하면 건축의 과정이라고도 할 수 있다. 디테일이란 '건축이 어떻게 성립되는가?'의 과정이다.

이것은 건축 창조에서 굉장히 중요한 문제다. 디테일에서 그 사람의 스타일이 나온다. 건축가 중에는 전부 딱 맞게 조화를 이루어야 하는 사람이 있는가 하면, 반대로 전부 어수선하고 거칠게 통합하는 사람도 있다. 거기에는 건축가의 사상, 가치관, 감수성 등 전부가 나타난다. 그런 건축의 과정이 디테일이며 건축 그 자체의 문제이다.

'이런 식으로 해야 한다'는 세계

세계의 훌륭한 건축을 보면, 당연한 것이지만 그들에게 독창적인 스타일이 있음을 느낀다. 스타일이란 천장은 이래야 한다거나, 창문은 이래야 한다거나, 계단은 이렇게 되어야 한다는 그 사람만의 강한 가치관이라고 말할 수 있다. 훌륭한 건축은 모두 그런 독창적인 세계를 제시한다. 그것은 침실은 이렇고 욕실은 이렇다는 '이런 식이어야 해'라는 독자적인 조화를 이루는 방법에서 나타난다. 그것은 기성품과는 다르다.

예를 들어 루이스 칸Louis Kahn의 건축 그 어떤 부분에도 미스의 조화를 넣을 틈은 없다. 세계가 이런 식으로 이루어져 있음을 매우 독자적인 방법으로 말하고 있다. 건축은 '먹는다'거나 '잔다'거나 '입는다'와 같이 인간의 삶 전체와 관계되는 하나의 커다란 세계다. 세계관이라고 해도 좋을지 모른다. 세계관을 만들려고 할 경우, 인간이 그것을 만드는 한, 아무래도 독자적인 것이 될 것이며 독자적인 조화가 필요하게 된다. 물론 기성품을 사용해도 좋지만 그것의 사용법, 조화를 이루는 방법은 역시 독자적인 것, 개개인의 발상에서 비롯되는 것이라고 생각한다.

실물 크기 모형을 만들고 싶다

건축가마다 가장 좋아하는 스케일이 다르다. 거대한 건축을 다루는 우리가 실물 크기의 현실 세계가 아닌 형식화되고 추상적인 세계를 가지고 생각할 경우, 거기에는 어떤 절실함 같은 것이 묻어나기 마련이다. 스케일을 고르는 일은 무엇을 생략하고 무엇을 나타내는가의 문제가 된다. 100분의 1 같은 간편한 도형 속에서 설거지대까지 세세하게 표현하기란 불가능하다. 30분의 1의 도면과 50분의 1의 도면에서 표현되는 것과 생략되는 것은 각각 다르다. 무엇을 생략하고 무엇을 그릴지 정하는 일은 건축을 추상화하는 방법이기 때문에 건축에서 커다란 과제가 된다. 그것은 무엇이 보이고 무엇이 안 보이는가와 같은 외관의 문제이기도 하고, 외관 이상으로 어떻게 이해하는지에 대한 문제이기도 하다. 생략의 방법은 이해의 방법이다. 같은 주량의 뼈대라고 하더라도 생략이 다르면 이해가 달라진다.

만약 돈이 있다면 실물 크기의 모크업mockup을 한번 만든 다음 실물을 만들면 좋겠다는 생각을 종종 한다. 하지만 커다란 건설 현장은 고사하고 작은 프로젝트에서도 꽤 어려운 일이다. 그래도 실물 크기의 모형을 만들고 싶다는 생각은 늘 있다. 실물이 아닌 모형으로도 족하다. 100분의 1이나 30분의 1이 가진 스케일과 1분의 1 실물 크기의 세계는 꽤 다른 세계라는 것을 항상 느낀다. 건물이 상량上樑되면 나는 언제나 신나게 현장을 보러 가는데, 이것 자체도 사무소에서 스터디를 할 때와는 이질적인 무언가가 현장에서 일어나는 것을 느끼기 때문일 것이다. 구조체가 현실에 세워질 때면 언제나 일종의 비약을 느낀다. 상상에서 현실로의 비약이다. 또 그것을 보고 설계에 피드백한다. 공사 중에도 설계가 진행 중인 것처럼 되는 이유는 아마 실물 크기의 세계가 축소 세계와는 전혀 다른 세계를 나타내기 때문일 것이다. 만약 사전에 실물 크기의 모형을 만들 수 있다면 설계 방법이 변할 것 같기도 하다.

네덜란드에서 뉴욕, 도쿄로:
해외 프로젝트의 시작부터 10년

세지마 가즈요 vs 니시자와 류에

프로그램과 스트럭처

— 우선, 요 10년간 니시자와 씨는 세지마 가즈요 씨 개인의
설계를 어떻게 보셨나요?

니시자와 최근 세지마 씨가 만드는 형태에는 점점 커브가 많
아지고 있어요. 그것은 프로그램(기능 구성)을 비판하는 측면
과 더욱 좋게 생각하려는 측면을 모두 가지고 나온 것이라고
봅니다.

초기의 세지마 씨는 안에서부터 만드는 쪽이었던 것 같아
요. 예를 들어 'PLATFORM II'에서는 가구 크기 정도의 사물
이 확장되며 전체가 만들어지는 구성이었고, '사이슌칸 제약
여자 기숙사'도 기본 단위가 반복되어 전체가 되었습니다. 하

지만 최근에는 안에서뿐 아니라 안과 밖의 혼합 같은 것이 나왔어요. 안에서부터 생각하는 것과 밖에서부터 생각하는 양쪽 면이 융합한다고 할까요? 커브의 사용에 따라 더욱 그렇게 느끼게 된 것 같습니다.

얼마 전, 오랜만에 세지마 씨의 강의를 들을 기회가 있었습니다. 거기서 세지마 씨는 '아리모토 치과 의원'에 대해 도시 경관부터 이야기하기 시작했습니다. 지방 개업 의원의 전형적인 풍경, 즉 도로와 접한 주차장이 넓게 펼쳐져 있고, 건물은 거리에서 꽤 후퇴(세트백setback)되어 주차장 뒤쪽에서 건물이 보이는 풍경을 설명했습니다. 이른바 교외의 편의점 풍경에 가까운데, 그 풍경이 별로라서 건물을 부지 중앙에 배치하고 자동차가 도로변에 어지럽게 세워진 상태를 생각했다는 이야기였지요. 도시 교외에서는 당연하다고 할 수 있는 편의점 풍경, 즉 건물의 세트백 배치가 좋지 않다는 관점에서 센터 배치라는 발상이 나온 겁니다. 저는 그 건물의 소용돌이 같은 평면이 실내 문제에서 나왔다고 생각했기 때문에 도시 풍경이라는 외부 문제에서 설명이 시작된 점이 신선했습니다. 그건 프로그램의 문제가 아니라 도시 풍경이나 도시의 스트럭처 문제, 어버니즘urbanism적인 문제예요.

'오니시 다목적홀'에 대한 설명도 마찬가지였는데 주변 환경 속에서 체육관이 어느 위치에 있고, 어떤 모습을 띠는가에 대해서부터 건물을 설명하기 시작했습니다. 번화가 속에 거대한 공공 건축이 묵직하게 놓여 있었지만 평소에는 전혀 사용되지 않는 쓸쓸한 풍경이었어요. 그런 풍경에 위화감을 느끼고 그것과 다른 형태가 가능하지 않을까 생각하면서 설계를 시작했다는 이야기였습니다. 건물의 커브 형태는 주로 번화가와의 관계, 예를 들어 어린이가 부지를 가로지를 때의 동선 문제나 근처와의 거리감 같은 도시적인 부분과 연관되어 설명이 이루어졌어요. 지방에서는 시민회관이나 체육관처럼 부지 중심에 네모나게 세워진 건물을 흔히 볼 수 있는데, 그러한 풍경에 대한 위화감과 커브가 도시와 대조되며 만들어내는 동적인 관계성을 연속적으로 설명했습니다. 수많은 사람이 자전거나 도보로 가로지르는 교통의 소용돌이 같은 공간에서 그런 유기적인 커브 공간이 발생한 거라고 느꼈습니다.

세지마 '구마노고도 나카헤치 미술관'은 공동 설계였습니다. 저는 옛날부터 건물을 짓는 방법을 굉장히 신경 썼어요. 들판에 세워진 'PLATFORM'조차도 어디에 공터를 잡고 어떻게 주변과 관계를 맺을지 의식하며 만들었습니다.

니시자와 맞아요. 하지만 제 인상으로는 당시 프로그램 측면에서 설명하는 비중이 컸습니다. 아니면 프로그램 측면과 배치 측면에서 하는 설명이 따로따로 이루어지거나요. 하지만 얼마 전의 강의에서는 양쪽이 동시에 이루어진 듯한 인상을 받았습니다.

강의를 듣고 문득 세지마 씨에게 어떤 이상향이 있다고 느꼈지요. 편의점은 이런 방법으로 세우는 게 좋겠다거나 시민회관이나 역사驛舍, 주택, 횡단보도, 도시 공간 등은 어떠해야 한다거나 모든 것에 대해 '이런 쪽이 좋다'는 가치관이 있었습니다. 파고들어 가면 도시는 이런 식이어야 한다고 말하는 것 같은, 뭔가 도시 전체를 만들어버리는 듯한 가치관을 강하게 느꼈습니다.

형태의 중요함을 요 10년 동안 깨달았습니다

세지마 10년 동안 여러 도시를 다니면서 형태의 중요함을 몸소 체험하게 되었어요. 예전부터 어떻게 해야 환경 속에 잘 어우러질 수 있을지 생각했지요. 그래서 어떻게 건폐율建蔽率을 나눠야 할지, 둘레와 높이가 고른지를 생각했지만 그런 것들은 형태가 아니었습니다. 다양한 지역에 가서야 지역의 구성이 각각 다른 것을 알게 되었지요. 호수 위나 빌딩이 가득 서 있는 곳에 빌딩을 세운 것처럼 외관부터 지역과 어울리는 형태가 아니면 안 되겠구나 하는 생각을 하게 되었어요. 10년 동안 도쿄에서만 생각했더라면 짐작도 못했을 '형태'의 경험을 해온 것 같습니다.

—　프로그램에 대해서는 어떻게 생각하시나요?

세지마　프로그램은 지금도 중요하다고 생각해요. 다만 예전에는 프로그램의 배치 방법 자체를 단서로 내부 공간을 만들었다면, 지금은 좀 더 프로그램 전체가 만들어내는 내용을 건물의 형태로 표현하고 싶어졌어요. 물론 아직도 프로그램을 재료로 해서 만드는 방법에는 흥미가 있지만 프로그램은 설명하기 쉬운 재료기 때문에, 규모가 큰 건축의 경우 회의에서 점점 최대공약수적인 이야기가 되고 평판화平板化 되어가지요. 프로그램만을 재료로 하려 하면 그 사이즈나 배치 방법, 혹은 만드는 재료나 두께 같은 것이 아주 중요해집니다. 그런 의미에서 보면 '알미르 스터드 극장Stadstheater Almere / Schouwburg Almere'은 프로그램을 재료로 해서 세워진 공간이에요. 굉장히 작은 부분을 모두 쌓아올리지 않으면 최종적으로 보통의 공간 체험이 되어버려요. 그건 톨레도 미술관 글라스 파빌리온의 경우도 마찬가지라고 할 수 있지요. 미국인의 신체 크기와 예산 같은 요인으로 유리 전시실의 수가 조금 줄었지만 유리 전시실을 좀 더 많이 만들었다면 더욱 재미있는 건물이 되지 않았을까 싶습니다. 전시실을 넓혔기 때문에 좋은 공간도 생겼지만요.

—　그럼 프로그램이 아닌 부분에 대해서는 어떤 식의 사고 방법으로 접근하고 계신가요?

세지마　요구되는 건축이 어떤 장소인지를 생각합니다. 앞서 말한 것처럼 프로그램과 관계되기도 하는데, 사람이 건축으로 경험하는 전반적인 개요에 대해서 생각하는 거지요. 예를 들어 미술관이라고 해도 가나자와 21세기 미술관은 '교류 스페이스'라고 부르는 편이 더 어울릴지도 모릅니다. 뉴 뮤지엄은 창고가 서 있는 것처럼 보이는 건물이지만 그 안에는 다양한 활동이 들어 있어요. 미술관인지 창고인지 학교인지, 혹은 휴게소인지, 지금까지처럼 단어 하나만으로는 표현하기 어려운 집합적 장소가 어떤 건물에 어울릴지, 어떤 형태인지, 어떤 방식인지를 생각하고 싶습니다.

안과 밖의 연결, 커브에 대해서

세지마　내부와 외부를 연속시키고 싶다고 계속 말해왔지만 아직 충분하지 않다는 걸 깨달았습니다.

　지금 돌아보면 여태껏 만들어온 건축은 실내에서의 체험이 그다지 외부로 표현되지 않았던 것 같아요. 알미르 스터드 극장 외관은 훌륭하고 깨끗하지요. 작은 부분의 반복으로 플랜이 이루어졌어요. 내부에서도 다양한 것들을 보며 재밌는 체험을 할 수 있고요. 하지만 그것이 외부를 정하는 이론이 되지는 않았습니다. 외부는 호수에 잘 떠 있는지, 도시와 마주한 정면을 어떻게 할지를 생각했고, 내부에 대한 생각을 외부까지 이어서 만들려고 하지는 않았어요. 전 그것을 연결하고 싶습니다. 외부에서 체험하는 건물과 내부에서 체험하는 건물을 좀 더 가깝게 만들고 싶어요. 다시 말해 환경에 대해 어떻게 생각하는지와 프로그램에 대해 어떻게 생각하는지를 하나로 연결해 정리하고 싶습니다.

니시자와　그래도 오니시 다목적 홀은 일체화된 느낌인데요.

세지마　다소 그럴지도 몰라요. 확실히 오니시에서도 사용한 커브는 제가 지금 생각하고 있는 방법 중에서 안과 밖의 사고를 연결할 가능성을 가진 수법 중 하나입니다. 사각형으로 만들면 아무래도 안과 밖이 분명하게 나뉘기 때문에 아무리 부드럽게 연결하려고 해도 끊어져요. 그래서 커브를 사용하는 것 같습니다.

'자연'

―　그럼 한편으로 세지마 씨는 니시자와 씨의 10년을 어떻게 보고 계신가요?

세지마　보통 처음에는 주택 같은 개인적인 작은 건축을 하고 점점 커다란 공공 건축을 하게 되는데, 니시자와는 개인 사무소에서 작은 스케일의 건축을 하는 동시에 공동으로 해외의 커다란 프로젝트도 해왔어요. 보통의 프로세스는 아니지요.

니시자와 큰 것과 작은 것을 동시에 진행하는 식이었지요. 하지만 창작이라는 점에서는 뭔가 제대로 창작하기 어려웠던 고통의 10년이었습니다. 열심히 해야 한다는 초조함이 컸거든요.

세지마 니시자와의 경우, 혼자서 할 때는 아무것도 없는 상태에서 생각하려 하고 공동으로 할 때는 아무래도 그 이전 상태와의 관계에서 프로젝트를 진행해요. 그래서 힘든 10년이었을 거예요.

니시자와 그런가요. 혼자일 때는 혼자 고통받는 특권 같은 것이 있지요.

하지만 최근에는 창작의 매력과 즐거움을 느끼게 되었습니다. 창작할 수 있다는 기쁨이라고나 할까요. 그것은 고통이기도 하지만 형태를 생각하거나 평면을 생각하는 즐거움, 기쁨 같은 것이기도 해서 최근에서야 창작이라는 행위가 좀 더 자유롭고 즐거운 일임을 설계를 통해 느끼게 되었습니다. 그런 것들이 자연스럽게 건물에 표현된다면 좀 더 좋은 건물을 만들 수 있지 않을까 싶어요.

세지마 조금 시간이 흘렀을 때 지금까지 해온 것들이 다양한 문맥으로 보인다면 좋을 거예요.

니시자와 뭐, 저도 10년간 시행착오였으니까 겨우 스타트 라

인에 섰다는 느낌이에요.

최근 설계 속에 '자연nature'이 있다는 생각을 합니다. 그 프로젝트에서의 자연일 수도 있고, 자신에게 있어서의 자연일 수도 있습니다. 잘 표현하기는 어렵지만 미의식이라든가 이론, 역사 같은 다양한 것들의 총체로서 나타난다고 봅니다. 그 프로젝트에서 가장 자연스럽다고 여기는 것을 확실히 정하기 위해서는 스터디가 필요하지요. 결코 쉽게 답을 낼 수는 없지만 스터디는 정말 중요합니다.

잘 설명할 수 없는, 지금까지 없던 것

니시자와 방금 전에 세지마 씨가 말씀하신 것과 관계되는지 모르겠지만, 한 예로 미술관 계획의 경우 그 미술관의 개별 상황에 가장 어울리는 건축의 모습을 추구하다 보면 뭔가 미술관 같기도 하고 창고 같기도 한, 잘 알 수 없는 모습이 나오기도 합니다. 그래서 경우에 따라서는 기존의 미술관과 다른 모습이 되기도 하지요. 자연이라는 것을 따라가다 보면 다른 건축과 반드시 같다고 할 수 없는 건축이 나오는 경우가 있습니다. 집합 주택의 계획에 몰두할 때, 그 계획의 개성이나 매력을 무리하게 기존의 집합 주택 틀에 끼워 맞추는 것이 아니라 집합 주택이 아니어도 괜찮으니 더욱 자연스러운 건축의 모습을 생각하는 것 같습니다. 이런 생각을 하다 보면 기존의 건물과 다른 경우가 많아집니다.

그러나 동시에 어딘가 옆 건물과의 공통점이랄까, 현시대의 가치관 같은 것도 나옵니다. 현시대의 사물의 도리, 자연이 나타나는 느낌이에요.

그런 건축의 과정을 사회적인 언어, 논리적인 언어로 설명하려 하지만 쉽지는 않아요. 강의나 설계 주지主旨에서 왜 이 건물이 필연적인지 설명하려 해도 어려워요.

세지마 프로그램을 통해 부여되거나 주변 환경과 관계되기도 하지만, 모두 특정한 한 면만 설명하는 데 그칠 뿐이지요.

니시자와 맞아요. 하지만 창조 행위로서 가장 필연적인 접근이랄까, 가장 직접적인 방법을 스터디를 통해 찾아내는 것, 자연을 따라가는 것은 정말 중요한 일입니다.

세지마 그것은 사회성과 이론도 포함하고 있지요.

니시자와 그렇습니다. 아까 세지마 씨가 강의 중 이야기했던 길을 걸으며 느끼는 것, 편의점을 보고 반사적으로 이상하다고 느끼는 것을 바로 건축 창작으로 연결시켜 다른 사람에게 제안하는 과정은 정말 완벽하고 자연스럽게 나오는 것 같아요. 개인 창작에는 그런 게 반드시 필요합니다.

알미르 스터드 극장

─ 알미르 스터드 극장은 굉장히 오랜 시간이 걸린 프로젝트였지요.

세지마 중단되지 않은 게 기적이었어요. 도중에 몇 번이나 멈췄으니까요.

니시자와 10년 동안 많은 변화가 있었습니다. 네덜란드에서는 정치가 변하고, 정당이 바뀌고, 경기가 바뀌고, EU가 통합되고, 통화가 변했지요. 사회가 점점 변해가면서 작고 평범한 공공 프로젝트 하나 정도는 사라져도 어쩔 수 없는 격동의 변화가 10년간 네덜란드에서 일어났어요. 세상의 풍조가 확 바뀌는 와중에 이 건물이 나왔다는 것에 매우 감회가 깊습니다.

세지마 완성되어 기쁘긴 한데 조금만 더 했더라면 하는 아쉬움도 솔직히 있어요.

─ 여기에서는 무엇을 생각하셨나요?

니시자와 거대한 극장과 작은 피아노실을 어떻게 놓을지와 같은 프로그램적인 부분이 하나의 큰 테마였습니다. 알미르 스터드 극장은 단순한 극장이 아니라 문화센터도 병설하고 있어서 방의 개수가 정말 많았습니다. 문화센터는 다양한 것을 배울 수 있는 공간, 예를 들면 음악실과 조각실, 회화실같이 시민이 배우는 시설입니다. 그런 기능을 가진 오페라 극장에서 크기가 다양한 방을 대등하게 놓는 플랜은 어떤 것일지를 생각했습니다. 그냥 놓으면 아무래도 큰 방이 중요하게 보여요. 대형 스타디움의 야구 그라운드와 화장실의 관계처럼 아무래도 큰 방이 주역이고 작은 방이 조연 같은 관계성이 나옵니다. 그래서 어떻게 하면 거대한 방과 작은 방을 대등하게 놓을 수 있을지를 평면도와 구조, 설비 계획 같은 다양한 방면에서 생각했습니다. 최종적으로는 전부 병렬되는 평면을 골랐어요. 이 프로젝트는 여러 의미에서 당시 우리의 활동 측면을 나타내는 프로젝트라고 볼 수 있습니다.

첫 해외 프로젝트이기도 해서 이래저래 요령 있게 하지 못한 부분이 많았어요. 계약 문제나 예산 조정 같은 부분도 있었고 건설 현장에 좀처럼 참가하지 못한 데다 언어 문제도 컸고요. 건설 현장에서 감리를 하지는 못했지만 꽤 엄밀히 도면을 만들었기 때문에 외관은 어느 정도 우리가 생각한 것과 비슷하게 되었습니다. 내부는 경제적인 문제 때문에 매우 네덜란드적인 모습이 되었어요.

세지마 방과 방 사이의 창을 왜 그렇게 없앴는지 아쉬워요. 창문이 열렸다면 안에서 활동하는 풍경이 차례차례 보였을 거예요. 실은 예전에 작업한 '매화나무 숲의 집'에서 옆의 침실을 보이게 한 것처럼 이곳도 회화실과 그 옆이 동시에 보이도록 만들고 싶었는데 저쪽에서 이해해주질 않더군요.

뉴 뮤지엄, 현대에 어울리는 장소

— 그럼 뉴 뮤지엄을 하시면서는 어떤 생각을 하셨나요?

니시자와 저에게 뉴 뮤지엄은 뉴욕의 매력과 겹쳐 있습니다. 뉴욕과 뉴 뮤지엄이 가진 현대성은 우리가 예술을 위한 장소를 만드는 과정에 굉장히 큰 영향을 주었어요. 어떻게 보면 뉴 뮤지엄은 동선이라고 부를 만한 것도 없는 투명한 상자를 쌓아올린 건물일 뿐이지만 거기에는 뉴욕이라는 도시가 가진 격렬하고 거친 분위기가 얽혀 있어요. 또 이 건물은 지금까지 별도의 미술관 없이 창고 건물을 통해 운영되어온 뉴 뮤지엄의 스타일에서 따온 부분도 있고요. 뉴 뮤지엄은 평가받은 작품만을 전시하지 않고 앞으로 평가받을 작품을 전시하는 미술관입니다. 이게 작품인가 싶은, 정말 거리에서 튀어나온 그대로의 작품을 전시하고 있어요. 그래서 우리는 클래식한 전시실, 미술관 같은 공간이 아니라 그들의 활동과 연결된 미술관의 모습을 생각했습니다.

세지마 그리고 뉴욕의 거리 속에서 어떻게 적층積層할지, 갤러리라는 닫힌 공간으로 이루어진 건물을 어떻게 거리와 이을 수 있을지에 대해서도 생각했습니다. 하지만 외관을 미술관 느낌이 나도록 손대거나 사람들의 이동이 보이도록 만드는 방법은 별로였어요. 전시실 자체에 대해서 생각해야만 했지요. 아무것도 보이지 않아도 건물 앞을 지나는 것만으로 뭔가 일어나고 있다는 기대를 가질 수 있는 건물을 만들고 싶었어요. 스케일 오버가 되는 것이 아닐까 하는 불안도 있었지만, 단순한 형태라도 보편적이지 않은 스케일이 나오는 것이 중요했습니다.

— 뉴 뮤지엄에 전시되는 아트 작품과 현재 설계 중인 '루브르 랑스Louvre-Lens'의 아트 작품은 어떻게 다른가요?

니시자와 전혀 달라요. 두 곳의 전시 작품을 똑같이 '아트'라고 불러도 되나 싶을 정도로 다릅니다.

세지마 루브르와 일하면서 재미있었던 점은 그들의 전시 계획이 뉴 뮤지엄과 굉장히 비슷했다는 점이에요. 루브르에서 구상하고 있는 전시 계획은 오래된 역사적 작품을 시대 순서로 원룸 형태의 전시실에 쭉 늘어놓는 방식인데, 뉴 뮤지엄은 현대의 아트 작품을 바닥에 적당히 늘어놓는 방식이에요.

니시자와 원룸과 같은 분위기의 전시 공간에 작품이 쫙 놓이게 되는 거지요. 그게 결과적으로는 가장 실험적인 현대 미술관인 뉴 뮤지엄의 실내 풍경과 비슷해져요.

도쿄의 풍경

니시자와 저희는 이전까지만 해도 환경에 맞춘 건물을 만들고 싶다는 의욕을 가지고 있었습니다. 주변과의 관계를 생각하며 거기에 맞는 배치를 정한 것도 그런 의미였어요. 그런데 저는 이제 환경에 맞추고 싶다기보다 환경을 만들고 싶습니다. 가나자와 21세기 미술관 이후 그렇게 생각하게 되었어요. 모리야마 주택도 그렇고, HOUSE A와 같은 단일 개체의 건축물에서도 그렇고 환경과 풍경을 만들고 싶다는 의지가 전보다 강하게 나왔습니다. 많은 도시와 건축을 보고 그렇게 생각하게 되었어요.

　도쿄는 특별한 곳입니다. 외국에서 온 많은 사람들이 도쿄를 보러 와서 즐기고 돌아갑니다. 도쿄는 그들에게 굉장히 특이하고 꼭 관광해보고 싶은 도시 중 하나인 것 같아요. 확실히 도쿄는 흥미로운 도시이고 현대를 살아가는 우리의 가치관이 그대로 나타난 도시 공간이에요. 하지만 우리 시대의 풍경이 이대로 괜찮을까 싶습니다. 저는 도쿄에서 태어나 자랐고 도쿄를 좋아하지만, 조금 더 지금의 도쿄를 뛰어넘어 우리 나름의 현대적인 풍경을 만들 수는 없을까 하고 생각해요.

세지마　여러 나라에서 작업을 하면서 새삼 도쿄의 풍경 속에서 무엇을 할 수 있을까 하고 생각하게 되었어요. 지금은 이전의 도쿄의 모습과는 다른 모습을 생각해요. 각 지역이 가지고 있는 특징이 건물의 존재 방식과 모습에 큰 영향을 끼친다는 사실을 뉴욕까지 와서야 겨우 자각하게 되었습니다.

니시자와 도쿄는 조금 찰나적인 부분이 있다고 할까요?

세지마 즐거우면 그걸로 되었다고 여기는 부분도 있고, 풍경에 대한 기대가 그다지 없는 부분도 있어요.

니시자와 그렇지요. 도쿄는 기획에 의존하는 것 같아요. 프로그램 우선의 도시랄까요. 풍경에 대한 기대가 별로 없고 어떤 프로그램을 만들까에 대한 사람들의 관심이 크지요. 풍경에 대한 기대 없이 만들어지는 도시의 풍경은 살벌한 부분이 있습니다. 큰 규모의 재개발로 인해 풍경이 파괴되는 측면보다 그 재개발이 어떤 이벤트와 기획, 프로그램을 가졌는지가 중요한 곳이에요.

세지마 도쿄의 거리에는 기획으로 이루어진 재미있는 부분이 나타나 있지만 형태는 보이지 않아요.

니시자와 일본 건물에는 매우 가볍고 투명한 매력이 있는데, 그것이 결국 기획이나 프로그램을 우선시하는 부분과 묘하게 맞아떨어지는 것 같아요. 일본 건물의 가벼움은 사실 좀 더 고상한 이미지이지만 현대 일본 도시의 풍경은 그렇지 않고 건축이 소비재가 된 풍경이에요. 하지만 건축은 기획이 변할 때마다 만들고 부수는 것이 아닙니다. 일본 건축이 가진 투명함과 가벼움은 유럽인이 자랑으로 여기는 바로크에 결코 뒤지지 않습니다. 이건 현대 도시의 풍경 문제이기도 하지만 우리 세기의 건축 스타일이 가진 문제이기도 합니다.

알미르 스터드 극장 인공 호수에 펼쳐진 형태로 세워져 있다. ⓒ SANAA

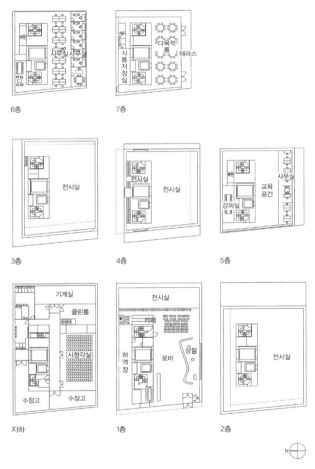

6층

7층

다목적
룸 테라스
식
품
저
장
실

3층

전시실

4층

전시실
전시실

5층

사무실
교육
공간
강의실

지하

기계실
클린룸
시청각실
수장고 수장고

1층

전시실
카페
하
역
장 로비 상점

2층

전시실

N

뉴 뮤지엄 평면도

지역 차를 넘어서:
2010년 프리츠커상 수상 인터뷰

세지마 가즈요 vs 니시자와 류에

프리츠커 수상까지

— 수상을 축하드립니다. 수상까지의 과정은 어땠나요?

니시자와 꽤 오래전에 프리츠커 재단에서 그해 준공한 작품의 자료를 보내달라고 연락이 와서 그 뒤로 매년 슬라이드를 보냈습니다. 그러다 2005년에 프랭크 게리Frank O. Gehry와 빅토리아 뉴하우스Victoria Newhouse 등 몇 사람이 가나자와 21세기 미술관을 시찰하러 왔습니다. 그들 모두가 심사위원이라고 단정할 순 없겠지만, 아무튼 가나자와 21세기 미술관을 본 게리로부터 '잡지로 봤을 때는 별 감흥이 없었는데 실제로 보니 정말 초등학교 같고 확실히 새로운 미술관의 모습을 하고 있다'라는 말을 들은 기억이 납니다. 그게 2005년이었습니다.

해외로

—　이번 수상은 해외뿐 아니라 일본에서도 많이 보도되었
는데요. 어두운 뉴스가 많았던 건축계가 좋은 의미로 주목을
받은 것 같습니다. 앞으로 해외에서의 작업에도 영향이 있을
것 같군요. 니시자와 씨는 얼마 전에 레바논에 다녀오셨죠?

니시자와　네. 공모전 부지를 보러 갑작스럽게 레바논에 가게
되었습니다.

세지마　레바논은 친숙하지 않아서 직접 가보지 않으면 거리
분위기를 잘 알 수 없으니까요.

니시자와　레바논은 폭격으로 폐허가 된 빌딩이 아직 거리에
남아 있어서 충격적인 풍경이었습니다. 그래도 지역 전체에
부흥 작업이 진행되고 있고 여유가 생기기 시작했어요. 부흥
작업의 일환으로 지역 중심부에서 큰 공모전이 열렸기 때문
에 부지 견학과 개요 설명을 하는 모임에 참가했습니다.

—　해외에서의 작업도 늘었나요?

니시자와　꼭 그렇지도 않아요. 오히려 작년이나 재작년에 더
많았던 것 같습니다.

세지마　스위스에 있는 로잔 연방 공과대학교의 '롤렉스 러닝
센터Rolex Learning Center'가 준공되었고, 루브르 랑스도 공사가
시작되어서 굳이 말하면 좀 줄었다고 해야겠군요.

— 해외 작업은 1997년의 '시드니 근현대 미술관 신관' 공모전이 계기가 된 건가요?

니시자와 그렇습니다. 당시에 일리노이 공과대학 학생회관, 살레르노 시市 구시가지 재생 계획, 알미르 스터드 극장 등 다양한 공모전에 참가했었어요.

세지마 시드니에서 당선됨과 동시에 SANAA를 만들었습니다.

니시자와 당시 사무소에 영어를 할 줄 아는 사람이 없었기 때문에 시드니 분들도 참 힘든 사람들을 뽑았다고 생각했을 거예요. 하지만 함께 진지하게 작업해주셨기 때문에 시드니 분들에게는 지금도 정말 감사를 드리고 있고, 폐를 끼친 것이 아닐까 하는 걱정도 있습니다.

— 그 공모전은 어떻게 해서 참가하게 되었나요?

세지마 '시드니'는 우연히 초대를 받았는데 처음이라 제대로 모르는 상태로 제출했어요. 최종 후보자가 선출될 즈음 굉장히 스케줄이 짧다는 걸 알게 되어서 많은 건축가들이 사퇴했던 것 같아요.

니시자와 그래서 우연히 이겼는데 거기서부터 힘들었습니다. 하지만 실제로 우리보다 그분들이 힘드셨을 거예요. 영어를 못하는 사람들과 계약 교섭을 해야 했으니까요.

세지마 정말 죄송했어요(웃음).

니시자와 그 후 살레르노 공모전으로 처음 현지에 갔을 때 우리만큼이나 영어를 못하는 현지인이 있어 정말 안심했습니다.

세지마　맞아요. 그 후에는 마음 편하게 일본어 통역을 받았습니다.

니시자와　살레르노는 역사가 있는 지역인 데다 기후도 매우 좋고 음식도 맛있어서 저는 금세 이탈리아를 좋아하게 되었습니다. 그리고 네덜란드도 유럽 중에서 가장 처음 왕래한 나라라서 기억에 남아요.

─　일본에서 일이 없어서 해외를 목표로 하신 건가요? 아니면 새로운 흥미를 느끼신 건가요?

니시자와　양쪽 다입니다. 1990년대 후반의 일본은 심한 불황에 빠져 있었기 때문에 우리 사무소에는 공모전도 일도 별로 없었어요. 해외 쪽은 떨어진 공모전까지 넣으면 한 해에 네다섯 개 정도 했던 것 같습니다. 하지만 처음에는 해외 공모전의 제출 방법도 몰랐어요. 그래도 점점 익숙해졌지요. 능숙해진 건 아니지만. 익숙함이 대단한 이유는 꽤 문제가 있는 방식이라도 익숙해지면 개의치 않고 계속하게 되기 때문인 것 같습니다.

─　두 분은 해외 학교에서 강의도 하고 계시죠? 일본과 다른 점은 무엇이고 또 재미난 점은 무엇인가요?

세지마　당시 해외에서 진행하던 제 프로젝트와 가까웠기 때문에 프린스턴 대학과 하버드 대학의 초청을 받아 강의를 했습니다. 사실 하버드 건축대학원Harvard Graduate School of Design: GSD은 사람이 많아서 좀 힘들었어요. 그래도 선생들 간의 교류가 많아서 재미있었습니다. 식당에서 밥을 먹고 있으면 건축가들이 잔뜩 모였어요. 건축가 개개인을 그들의 고향에서 만나는 건 어려워도 그곳에서는 모두 만날 수 있었지요. 역시 일본은 먼 곳에 있다는 것을 실감했습니다.

니시자와 프린스턴이나 GSD에 한해서 보면, 학생들이 어딘가 게임 감각으로 디자인을 하고 있는 것 같았어요. 그런 의미에서 일본 학생과 비슷한 부분도 있었지만 뭐랄까, 더욱 극단적으로 확대되는 과격한 게임이라는 인상이었지요. 선악의 판단 없이 게임을 즐기는 감각인데 마치 건축 디자인으로 자본주의 사회의 미니어처를 만드는 듯한, 자본의 논리만으로 사회 전부를 움직이려는 감각에 가까웠습니다. 일본 학생들은 게임 감각이라고 해도 좀 더 퍼스널이랄까, 비사회적이랄까, 타인에게 폐를 끼치지 않으려는 느낌, 좀 더 내향적인 게임 감각을 가지고 있어서 게임 같다고 해도 그 둘의 감각은 전혀 다릅니다. 한편 유럽은 좀 고전적이고 성숙해서 건축을 게임으로 인식하는 감각은 희박했습니다. 사회 전체가 원숙한 것 같아요. 어린 학생들과 이야기해도 이따금 노인처럼 느껴질 때가 있기도 해요. 건축을 하는 기본적인 의미 같은 것을 이해하고 있는 사람이 많았습니다.

지역과 문화의 차이에서 만들어내는 건축

— 지금까지 경험한 해외 작업에서 지역과 문화의 차이가 어떤 식으로 건축에 표현되어왔나요?

니시자와 역시 건축의 모든 부분에 나타나지 않았을까요? 어떻게 보면 우리는 지역 차, 문화 차를 넘지 못하는 것이 아닌가 싶습니다. 어쩔 수 없이 일본 문화에 뿌리내린 지역적인 인간이에요. 예전에 저는 영어로 말하게 되면 영어권의 발상을 하게 될 줄 알았는데, 영어는 아직도 잘 못하고 설령 잘하게 된다고 해도 영어권 사람들의 사고방식이나 행동을 할 수는 없을 거라는 걸 알게 되었어요. 하지만 한편으로 보면 제가 지역적인 인간이라고 생각하게 된 게 외국 문화를 경험하고 지역 차를 느꼈기 때문인 것 같아요.

건축에서 지역성, 문화라는 것은 정말 중요합니다. 건축을 하면 자신의 가치관의 근본에 일본적, 혹은 아시아적인 것이 있다는 게 직접적으로 나타나요. 건축은 인간의 생활이나 삶에 직결되기 때문에 부엌을 만드는 방법부터 사무실, 침실을 만드는 방법, 구조에 대한 사고가 모두 자신의 문화나 가치관에서 나오게 되지요. 건축은 지역 문화의 산물 같습니다. 또 반대로 건축을 함으로써 지역이란 무엇인지, 어떤 지역 문화인지가 분명하게 드러나요. 어찌되었건 건축을 할 때는 지역을 생각해야만 합니다.

세지마　우리의 스타일은 일본 문화에서 발생했지만, 클라이언트나 관계자 분들의 이미지 조합을 통해 그 장소마다 조금씩 다른 건축이 되었어요. 예를 들어 뉴욕의 뉴 뮤지엄을 스위스 로잔에서 한다면 전혀 다른 건축이 되겠지요.

니시자와　뉴 뮤지엄 분들은 뉴욕적이랄까, 엄청나게 현대적인 분들이기 때문에 역시 그분들의 가치관이 건물에 강하게 나타난 거지요.

세지마　소재의 선택 하나만 봐도 지역 건축이나 클라이언트가 생각하는 건축상과 이쪽이 생각하는 건축상을 서로 이야기하며 조합하다 보면 각각의 지역에 따라 다른 건축이 나타나게 돼요.

—　이번 봄에 준공하는 스위스 로잔 연방 공과대학교나 착공한 루브르 랑스는 어떤가요?

세지마　루브르 랑스는 프랑스적인 건축이 된 것 같아요. 외벽의 알루미늄이 고급스러운 질감에 가까워졌지요. 좀 더 보통의 느낌이 좋았을까 하는 생각도 해요.

니시자와　'로잔'은 스위스인 건축가 친구에게서 일본적이라는 말을 듣고 조금 충격을 받았습니다. 마치 일본의 툇마루 같다고 하더군요. 조용하고 빛이 간접적으로 들어와서 마치 장지를 통해 들어온 빛 같다고 했습니다. 그다지 형태적이라고 할 수 없기 때문일까요? 아무리 곡선을 사용해도 우리가 바로크 건축을 만들기는 어렵겠지요.

2010년 여름, 베네치아 비엔날레:
People meet in architecture

— 세지마 씨는 올해 열리는 '베네치아 비엔날레'(2010년 8월 29일~11월 21일)의 디렉터를 맡게 되셨지요. 어떻게 진행되고 있나요?

세지마 하세가와 유코長谷河祐子 씨와 니시자와에게 어드바이저를 부탁했습니다. 90퍼센트 정도는 정해졌어요. 건축가와 아티스트를 합해 45명 정도 참가하게 될 예정입니다. 지금은 스폰서를 찾기 위해 필사적인 상황이에요. 테마는 'People meet in architecture'로 했습니다. 앞으로 5월 초에 세계 여섯 개 도시에서 기자회견이 예정되어 있고, 거기서 출전하는 작가도 발표할 수 있을 것 같습니다.

회장은 두 곳인데, 출전 작가에게 메인 회장에 있는 흰 공간과 아르세날레Arsenale에 있는 벽돌 공간 가운데 한 곳을 고르게 해서 다양한 작품이 섞이도록 하려 합니다. 롤렉스 러닝 센터의 영화감독 빔 벤더스Wim Wenders가 3D로 촬영한 5분 정도의 영상도 상영할 예정이에요.

— 니시자와 씨가 출전하신 일본관은 어떤가요?

니시자와 커미셔너인 기타야마 고北山恒 씨를 중심으로 쓰카모토 요시하루塚元由晴 씨와 제가 참가합니다. 저는 모리야마 주택의 모형으로 출전할 예정이고요. 기타야마 씨의 도쿄 생성 이론을 나타내기 위해 '하우스&아틀리에 원'과 함께 전시합니다. 모형은 2분의 1 스케일로 만들 예정이에요. 예전에 스페인과 도쿄 현대 미술관에서 전시했던 'Flower House'도 2분의 1 스케일이었는데, 건축과 모형의 중간처럼 보이는 신기한 스케일입니다.

세지마 그 밖에 일본과 현지 학생을 시작으로 도와주시는 분들도 모이고 있어요. 8월을 목표로 계획을 진행하고 있습니다.

프리츠커상 수상과 앞으로의 일

— 마지막으로 두 분의 수상 소감을 들려주세요.

니시자와 설마 수상하게 될 거라고는 생각지도 못했기 때문에 솔직히 놀랐습니다. 하지만 선정 이유에서 맥락context과 활동에 맞추어 설계하는 점을 평가해준 점이 기쁩니다.

세지마 해외 클라이언트는 이 상을 자주 화제로 꺼내세요. 거기에 다소 압박감을 느낀 것도 사실이라 수상하게 되어 기뻤어요. 새로운 기분으로 계속 열심히 하고 싶습니다.

롤렉스 러닝센터 커다란 단층의 원룸으로 지어졌으며, 바닥과 천장이 부드럽게 기복한다. 다양하고 입체적인 공간의 관계성을 만들어낸다. ⓒ SANAA

롤렉스 러닝센터 자연경관 같은 건축. 건축의 능선이 공간을 가로지르며 좌우로 공간을 나눈다. ⓒ SANAA

롤렉스 러닝센터 경사면으로 둘러싸인 도서실. ⓒ SANAA

롤렉스 러닝센터 골짜기에 배치된 카페 공간. ⓒ SANAA

아트 · 건축 · 자연:
삼자의 조화와 연속

데시마 미술관 프로젝트가 막 시작되었을 때, 후쿠타케福武 회장님이 '단지 하나의 건축물을 만드는 것이 아니라 아트와 건축, 자연이 일체화된 것을 만들 수는 없을까'라고 하신 말씀이 인상 깊게 남아 있다. 아트, 건축, 자연의 조화와 연속은 전부터 내가 흥미를 가지고 있던 주제였기 때문에 매우 공감하며 설계 작업을 시작했다.

부지는 데시마의 바다가 가까이 보이는 약간 높은 언덕 중턱에 있다. 데시마는 세토나이카이瀬戸内海의 섬들 중에서도 유난히 나무가 많고 물이 풍부한 아름다운 섬인데, 계단식 논과 마을, 자연이 서로 어우러진 문화적 경관을 만들어온 곳이다. 나는 여기서 데시마의 환경과 잘 연결되면서도 나이토 레이内藤礼 씨의 작품과 공존하며 조화를 이루는 건축 공간의 모습을 지향했다. 내가 제안한 것은 물방울 같은 형태의 자유 곡선에 의한 건축이다. 주변 지형이 모두 자유로운 커브 등고선에 의해 생긴 자연 지형이었기 때문에, 물방울 같은 자유로운 곡선을 가진 건축 형상이 주변의 기복되는 지형과 조화를 이루며 하나의 강렬한 건축 공간을 만들어낼 수 있을 것이라고 생각했다. 한편으로는 부드럽고 연속적인 커브에 의해 만들어진 원룸 공간이 아트를 위한 공간으로서 한층 더 집중적인 장소를 형성할 수 있을 것이라고도 생각했다.

구조물은 콘크리트에 의한 셸 구조shell 構造를 생각했다. 콘크리트로 된 얇은 곡면판이 최대 60미터까지 뻗어나가고 이를 통해 내부에 커다란 유기적인 원룸 공간이 만들어진다. 여기에서 천장 높이를 통상의 셸 구조물보다 낮추면 수평 방향으로 낮게 뻗은 듯한 공간이 생긴다. 높이를 낮추었기 때문에 건축은 주변 환경 속에서 건축물이라기보다 오히려 언덕 같은 느낌의 존재감을 갖게 된다.

또 셸에 몇 개의 커다란 구멍을 뚫고 유리를 넣지 않은 개방된 상태로 남기기로 했다. 열린 개구부를 통해 빛과 비, 아름다운 자연의 분위기가 들어오고 나비나 새도 드나든다. 반은 실내 같고 반은 옥외 같은 공간이 되어서 신비한 개방감과 환경과의 연속감이 생긴다. 작품을 위해 건축이 닫히면서도 동시에 열리는 다이내믹한 공간 상태를 만들어내고자 했다.

경관으로서는 되도록 기존 지형을 유지할 수 있게 유의하고 식재植栽는 주로 데시마 내부에 자생하는 식물, 특히 잡초들을 골랐다. 잡초라고 하면 말의 뉘앙스가 정원과 어울리지 않을 것 같지만, 자세히 보면 하나하나가 아름다운 꽃과 식물이다. 모두 이 토지에서 자생할 만큼의 씩씩함과 자연스러움을 지녔다. 또 그 식물들은 데시마 풍경의 일부를 담당해온 것들이기도 하다. 섬의 풍경, 식생植生과의 조화라는 의미에서도 최적인 식물이었다. 주변 환경 전체에 개방되어 있으면서도 연속되는 장소를 만들기 위해 데시마 미술관의 부지 전체를 독립된 정원이 아닌, 데시마가 가진 계단식 논과 자연 풍경의 연장으로 자리매김하도록 했다.

이곳을 방문한 사람들은 건물까지 걷는 과정에서 들판 같은 경관 속을 이동하고, 숲을 빠져나와 데시마의 식물과 지형, 계단식 논, 세토나이카이를 오가는 배와 같이 이 섬이 가진 아름다운 풍경과 역사를 느끼며 아트 공간으로 인도된다. 경관과 건축과 아트, 그 모든 것이 하나의 단위가 되는 존재를 지향했다.

데시마 계단식 논과 마을, 자연이 서로 어우러지는 세토나이카이의 섬.

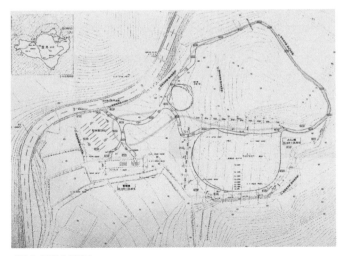

데시마 미술관의 배치도

데시마 미술관 물방울 같은 자유 곡선을 가진 건축 형상이 주변의 기복하는 지형과 조화를 이룬다.

데시마 미술관 유리가 없는 개방된 구멍으로 빛과 비, 자연의 분위기가 들어온다.

2007년 11월 25일

보르도에서 뉴욕으로. 보르도처럼 오래된 지역에서 뉴욕으로 오니 굉장히 혼란스러웠다. 택시를 타고 맨해튼으로 향하는데 길이 막혔다. 택시 운전기사는 양손을 올리며 소리를 쳤다. 운전하면서 내비게이션에 뭔가를 찍는가 싶더니 "소호 그랜드 호텔Soho Grand Hotel은 어느 거리에 있지?"라고 물어왔다. "310 west broadway"라고 답하자 "나도 알고는 있는데 이건 그냥 회사 때문에 입력하는 것뿐이야"라고 했다. 그러나 길은 꽉 막혀 있었고 운전기사는 화를 내며 고속도로를 빠져나왔지만 아래쪽 길마저 막혀 있어 노발대발했다. 벽돌 건물이 늘어선 브룩클린 시가지 풍경을 느릿느릿 지나간 덕분에 브룩클린의 겨울 풍경을 잘 볼 수 있었다. 한 흑인 어린이가 달리고 있었고 한 어른은 춥다는 듯이 계단에 앉아 있었다. 뉴욕의 겨울이었다.

나는 차 안에서 바깥 풍경을 멍하니 바라보며 귀마개를 쓰는 대신 베토벤의 「장엄 미사」 중 「베네딕투스Benedictus」를 들었다.

11월 26일

세지마 씨와 합류했다. 우리가 설계한 뉴 뮤지엄이라는 현대 미술관이 드디어 준공되어 오프닝 파티가 열렸다. 일주일간 매일 연신 파티를 하는 걸 보면 미국인의 체력은 참 대단한 것 같다. 밤에 미술관에서의 디너파티가 제1탄. 관장인 리사 필립스Lisa Phillips가 긴 연설을 했다. 편안하고 따뜻한 연설이어서 좋았다. 리사는 한 사람 한 사람의 이름을 불렀다. 그녀가 당신의 이런 점이 훌륭하다, 고맙다고 말하면 당사자는 수줍어하며 머리를 긁적이거나 웃는 얼굴로 박수를 치며 일어섰다. 그러면 모두가 성대한 박수갈채를 보냈다. 박수가 나올 때마다 리사의 연설은 멈췄고, 잠시 후 또 이름을 부르면 박수가 일고 연설이 중단되는 식이었다. 모두 리사의 이야기에 웃으면서 평온하게 박수를 치는 분위기가 매우 인간적이고 자연스럽게 느껴졌다. 미국인은 사랑한다거나 고맙다는 마음의 표현을 잘한다. 물론 그 방법이 과장되기도 하지만,

124

편안하고 자연스러울 때도 있다. 인간적이고 진심 어린 표현
이 가득한 모임이었다.

12월 1일

　뉴욕의 마지막 날 아침, 일어나 보니 큰 눈이 내렸다. 이제
뉴욕에 올 일이 없다고 생각하니 아쉬웠다. 세지마 씨가 마지
막으로 한 번 더 뉴 뮤지엄을 보러 가고 싶다고 해서 함께 눈
속을 걸어갔다. 12월 뉴욕의 이른 아침은 추웠다. 아무도 없
는 아침의 맨해튼 거리를 눈 속에서 미끄러지며 둘이서 미술
관까지 천천히 걸었다. 새하얀 눈 속에서 미술관은 환하게 불
이 켜져 있었다. 이 건물은 24시간 밤새도록 열려 있기 때문
에 새벽인데도 손님들이 건물 안을 거닐고 있었다. 이른 아침
이라 졸음과 추위로 머리가 멍한 사이 몸에 눈이 쌓여 새하얗
게 되었다. 세지마 씨는 눈으로 쌓인 도보에 서서 뉴 뮤지엄
을 가만히 올려다보았다. 춥고 졸려서 빨리 끝내고 호텔에 돌
아가고 싶었지만 이게 마지막이니 어쩔 수 없겠다는 생각이
들었다. 많은 일이 있었고 건물의 완성도에 대해 할 말도 좀
있었다. 두 번 다시 뉴욕에서는 건축을 하지 않겠다고 생각했
던 적도 한두 번이 아니었다. 그러나 끝나고 나니 전부 잊히
고 아쉬움만 남아 신기했다. 이 건물은 세지마 씨에게도, 나
에게도 매우 큰 추억이 되었다. 나도 지쳤지만 리사 필립스도

지쳤을 것이다. 뉴 뮤지엄에 정말 감사를 드린다.

2009년 6월 28일

오우에 에이지大植英次 씨가 하노버 북독일 방송 필하모니 관현악단과 말러의 교향곡 9번을 연주한다고 해서 산토리 홀에 갔다. 훌륭한 연주였고, 특히 최종 악장이 인상적이었다. 독일인 연주자들은 모두 개성적이어서 각자의 스타일로 연주를 했다. 하지만 점점 집중하며 저항할 수 없는 큰 흐름을 만들어냈다. 다양한 주제가 죽음을 향해 몇 번이고 파도처럼 찾아와 휩쓸려갔다. 모두 굉장한 표정을 하고 있었다. 제1악장에서는 얼빠진 얼굴을 하고 있던 첼로 연주자가 당장 심장발작으로 죽기 직전 같은 얼굴로 연주를 했다. 얼굴을 뻘겋게 하고 고통스러운 듯이 연주하는 사람, 감동하는 사람 등 제각각이었지만 모두가 말러의 9악장에 빨려 들어갔다. 이렇게 하나가 된 시간은 오래간만이었다.

8월 3일

밴쿠버를 경유해서 멕시코시티에 갔다. 공항 게이트를 나오자 좁은 콘크리트 건물 안이 매우 혼잡해서 주춤했다. 수많은 멕시코인이 나가려는 건지 들어오려는 건지 모를 정도로 건물 안은 사람들로 가득했다. 어찌어찌 그곳을 빠져나와 택시를 타고 호텔로 향했다. 사무소 동료와 만나 호텔 뒤에 있는 식당에서 저녁을 먹었다. 가게의 반이 야외였기 때문에 기분도 좋았고 맥주도 맛있었다. 뜨거운 바람이 불고 소나기가 내렸다. 마치 아시아의 아열대 기후 같았다. 나는 멕시코라는 나라를 좋아한다.

다음 날 루이스 바라간Luis Barragán의 자택에 갔다. 정원, 아틀리에, 황금 회화, 계단, 어두운 실내 등 전부 다 좋았다. 어떻게 보면 매우 평범한 집이다. 사용하기 쉽도록 신중하게 고려해서 만든 인간의 등신대 같은 집이 그대로 커다란 건축 예술이 되었다. 그러나 일상적이고 편히 지낼 주택이면서도 근본적인 어둠이 있는 집이다. 그 어둠은 도시를 향한 창이 없는, 시끄러운 사회와 거리에서 등을 돌리고 세워진 모습에서 보이는 폐쇄성과 관련되어 있을 것이다. 또 공간 전체에서 느껴지는 종교적 분위기도 클지 모른다. 피투성이가 되어 십자가에 걸린 예수 그리스도의 생생한 조각이 어두운 침실 벽에 지금도 걸려 있다. 일본인은 이런 침실에서 편히 잘 수 없을 것이다. 일상 그 자체를 나타내는 듯한 부드러움이 있는 집이지만 어딘가 무섭고 비일상적이었다.

그 옆에는 마찬가지로 바라간이 설계한 오르테가 하우스 Ortega House라는 집이 있어 그곳도 안내를 받았다. 매우 아름답고 폐허 같은 공간이었다. 또한 바라간이 거리 입구에 세웠던 탑이 최근 리뉴얼되었다고 해서 보러 갔는데, 그것도 훌륭했다. 지금까지 바라간을 멀리했던 것을 반성했다.

8월 5일

바카디Bacardi 본사에 갔다. 펠릭스 칸델라Felix Candela가 지은 바카디의 공장은 멋졌다. 도약하는 듯한 셸 구조는 기쁨으로 넘쳤고 마치 건축의 훌륭함을 칭송하는 것 같았다. 한편 미스 반데어로에의 바카디 본사 빌딩은 미스의 위대한 작품들 가운데 최고라고는 할 수 없을지 모르지만 밖을 보고 안을 보면 역시 미스의 대단함이 느껴진다. 강함, 무거움, 아름다움, 몇 번을 봐도 오늘 처음 미스를 접한 듯한 기분이 든다. H형 강재의 플랜지flange 두께에 흥분하며 창틀과 트래버틴travertine 대리석 계단에 놀랐다. 모든 것이 미스의 흔적이었고 멕시코의 풍토를 지워버리는 듯한 임팩트가 있었다. 이런 사람에게 건축물의 설계를 부탁하던 시대가 있었고 그런 집에 거주할 권리를 일반인이 가질 수 있었다는 사실이 놀랍다.

멕시코에 와서 좋은 것 중 하나는 아침밥이다. 계란과 콩과 매운 소스로 만든 정열적인 요리가 나왔다. 겉보기에는 그냥 스크램블 에그에 빨간 소스를 친 것으로밖에 보이지 않지만 맛을 보면 뜨겁고 매워 상당히 관능적인 음식이라 할 만하다. 멕시코의 아침밥은 뭐라고 하면 좋을까, 세계 최고의 아침밥이라고 할 수 있지 않을까.

멕시코시티의 거리를 안내받았다. 성당 뒤의 옥상 레스토랑에 가서 점심을 먹었다. 테라스 자리에서 문득 밖을 보니 눈앞에 아즈텍 문명의 거대한 폐허가 펼쳐져 있어서 놀랐다. 커다란 폐허였다. 서양인이 침략해서 파괴한 잔해를 땅에서 파내어 지금 이곳에 재현하려 한다고 한다. 잃어버린 고대 문명의 피라미드가 점점 현실의 형태가 되는 모습이 뭔가 꺼림칙했다.

2부

건축가와 건축

영어 이야기

20~30대 무렵 외국에 출장을 갔을 때 우선 영어 문제로 힘들었다. 회의나 저녁 식사, 심포지엄에서 처음에는 전혀 알아들을 수 없어서 우울하기도 했다. 그러나 유럽이나 미국, 특히 미국에서 영어로 말했을 때 내용이 전달되지 않으면 자신이 나쁜 게 아니라 잘 듣지 못한 쪽이 나쁘다고 주장하듯 당당하게 말하는 사람들을 여럿 봤다. 그 덕에 어느 순간부터 내가 말을 못하는 것에 부담감을 가질 필요가 없다고 생각하게 되었다. 또 세지마 이쓰히코 씨(세지마 씨의 아버지)는 고상하고 개방적인 분이신데, 상대가 알아듣건 못 알아듣건 기관총처럼 영어로 말하고 끝내신다. 마치 영화 〈와일드 번치The Wild Bunch〉의 윌리엄 홀든William Holden같이 용감한 이쓰히코 씨에게서 항상 감명을 받았다. 그래서 나 역시 언어 장벽을

뛰어넘지 못하는 일에 대해 특별히 신경 쓰지 않게 되었다.

그래도 한편으로는 훨씬 일찍 영어를 배웠더라면 여러 가지로 편했을 것이라는 생각이 들기도 한다. 동세대의 많은 일본인과 마찬가지로 나도 어린 시절에 영어를 거의 체험하지 못했다. 영어라고 해봐야 미국이나 영국의 록 음악을 통해 무심코 익숙해졌을 뿐이다. 좋아하는 노래 가사를 필사적으로 외워도 전혀 의미를 이해하지 못했고, 이 기회에 열심히 영어를 공부해보자는 생각도 해본 적이 없다.

그러나 그런 나에게도 깊은 인연이 된 영어 체험이 몇 가지 있다. 예를 들면 밥 딜런Bob Dylan과 존 레넌John Lennon의 곡이 그렇다. 밥 딜런의 노래를 처음 들었을 때가 고등학교 2학년 때였는데 처음에는 좀 이상한 목소리라고 생각했다. 하지만 그 이상한 목소리에서 나오는 딜런의 음악 세계 속 아름다움과 올드함(딜런 본인은 이것을 '언젠가 떠나야 하는 에덴동산'이라고 불렀다고 한다)이 나를 잡아끌었다. 이후 나는 집요하게 그의 음악을 듣게 되었다. 물론 영어 노래였기 때문에 처음에는 그가 무슨 말을 하는지 깊이 생각하지 않고 들었다.

「A Hard Rain's a-Gonna Fall」을 반복해서 듣게 된 이유는 잊었지만, 어쨌든 어느 순간부터 이 노래가 현재의 노래가 아닌 훨씬 옛날부터 불려온 노래처럼 들렸다. 딜런은 마치 이름 없는 가수처럼 이 노래를 불렀다. 영어 단어가 단편적으로 귀에 들어오면서 나는 그가 무엇을 호소하는지 이해하고 싶어졌고 또 가능하다면 그처럼 노래하고 싶다고 생각하게 되었다. 즉시 친구 집에 가서 영어 가사집을 베끼고 노래를 들으며 필사적으로 읽고 사전을 찾았다. 그리고 그 시詩가 그려내는 무서운 세상에 경악하며 가사를 암기하기 시작했다. 그 노래는 결코 행복한 내용이 아니었다. 오히려 종말론적이었다. 부모와 자식의 사랑 이야기이기는 했지만 전체적으로 멸망을 향해 걸어가는 인류의 묵시록이었다. 그저 같은 말이 계속되는 가사를 담담히 반복하는 딜런의 텅 빈 목소리에 압도되어 그 여름은 거의 그 노래만 들으며 보냈다. 그때까지 나에게 영어는 조금 깊이가 없는 언어였다. 어미도 없고 활용도 없는 너무 단순한 언어라는 인상이 있었다. 그러나 그 단순한 언어가 이렇게 보편적이고 심원한 세계를 만들어내는 점이 놀라웠다. 하나하나 세세하게 묘사하지 않는 단순함이 반대로 복잡한 것을 풍부하게 그려내고 있었다. 그 노래는 점차 신체화身體化되었고, 이를 깨달았을 때 세상이 달리 보이는 것 같았다. 지금까지 특별히 감사도 존경도 하지 않았던 주변 사람들이 전혀 다른 사람들로 보이게 되었다. 이 때문에 고등학교 시절의 나에게 영어의 대단함은 곧 딜런의 대단함이었다. 이 가사가 문학적으로 훌륭한지 아닌지는 아직도 모르겠다. 어쩌면 특별한 시가 아닐지도 모른다. 하지만 적어도 당시 이 노래가 고등학생이던 나의 세계관을 뒤엎은 몇 안 되는 영어였던 것은 틀림없다.

존 레넌의 노래를 접한 것은 더욱 오래전인 중학생 시절이니 정말 어릴 때였다. 존의 노래는 하나같이 내 사춘기를 연상케 하는 것들이기 때문에 객관적으로 이야기할 수 있는 대상은 아니지만, 영어에 관해서는 「Give Peace a Chance」*라는 노래와 얽힌 추억이 있다. 이 영문 제목은 중학생 수준의 영어 실력으로도 알 수 있을 만큼 쉽다. 하지만 그럼에도 당시의 나는 이 영어의 뜻을 몰랐다. '평화를 달라!' 정도의 반전 노래라고만 생각했다. 그러던 어느 날 방에서 뒹굴며 존의 노래를 듣다가 문득 어디가 목적어인지를 깨닫고 벌떡 일어났다. give + peace + a + chance라는 순서에 따라 문법적으로 따지면, 이 말은 '평화를 우리에게'라는 의미가 아니라 '평화에게 기회를 줘'라는 의미였다. 즉, 존은 '인류는 일찍이 한 번도 평화를 사용한 적이 없지 않은가? 한 번이라도 좋으니 시험해봐라!'라고 외치고 있었던 것이다. 표현의 대단함이라고 해야 할까. 평화를 실현하는 일이 얼마나 어려운가를 이런 각도에서 말하는 존 레넌의 풍부한 표현력에 충격을 받았다. 물론 당시의 나는 냉전 시대에 대해 아는 게 없었고, 당시 세상

• 이 곡의 일본어 제목은 「평화를 우리에게(平和を我等に)」이다. _ 옮긴이

사람들의 절박한 심정을 존이 얼마나 절실하게 노래하고 있었는지에 대해서도 전혀 몰랐다. 안타까운 일이었지만 그것을 이해할 수 있을 정도로 나는 성숙하지 못했다. 다만 그 말에 나는, 어디까지나 사적인 감상이기는 하지만, 존과 같은 개인의 외침이 그대로 세상 전체의 말이 되어버리는 듯한 보편성을 느꼈다. 그것은 영어 능력이 거의 빵점인 나 같은 일본의 아이에게도 전해질 만큼 굉장한 것이었다.

왠지 영어에 대한 이야기를 하려 했는데 어느 사이에 존의 이야기가 되어버렸다.

르코르뷔지에

나는 10대 시절부터 지금에 이르기까지 일관되게 르코르뷔지에의 영향을 받아왔지만, 그런 것치고는 사실 아직도 르코르뷔지에를 잘 이해하지 못하고 있다. 학생 시절에도 그렇게 잘 이해했던 것은 아니지만 최근, 특히 유럽에 가거나 프랑스인과 이야기하면서 르코르뷔지에라는 존재가 더욱 유럽의 역사와 일체화된 것처럼 보였고, 일본 문화와 역사 속에서 자란 나는 르코르뷔지에의 핵심을 잘 이해하지 못하는 게 아닐까 하는 생각이 강해졌다. 그런 식으로 생각한다면 아마 나는 평생 르코르뷔지에를 이해할 수 없을지 모른다. 다만 내 나름대로 르코르뷔지에에게 큰 감동을 받았고 내 방향성을 결정하게 된 몇 가지를 배운 것은 사실이다. 그것은 유럽 쪽에서 보면 꽤 빗나간 영향일지 모르지만, 나와 같이 역사와 문화의 문맥이 다른 사람에게까지 영향을 준다는 사실이 오히려 르코르뷔지에라는 존재의 크기를 이야기한다고 본다.

르코르뷔지에의 건축을 보면 우선 그 거칠고 야만스러운 건축 방식에 감명을 받게 된다. 그와 동시에 생생한 정신, 삶의 기쁨과 같은 것이 건축 전체에 넘쳐흐르는 부분 역시 감동적이다. 르코르뷔지에의 건축은 항상 쾌락적이며 관능적이다. 우선 그가 만든 여러 주택이 그렇고, 주택이 아니더라도 회사나 교회, 회의장 같은 공공 건축에서도 르코르뷔지에의 쾌락과 기쁨이 적잖이 존재한다. 그리고 그것들은 모두 표면적으로 '그렇게 보이게끔' 디자인된 것이 아니라, 르코르뷔지에가 마음 깊은 곳에서 그것을 바라며 쾌락을 추구한 결과가 직접적으로 건축에 드러난 것이다.

르코르뷔지에의 맹렬한 건축을 보고 있노라면 그의 건축 방법에 어딘가 덧셈 같은 부분이 있다고 느끼고는 한다. 척척 더해가는 다이내믹함, 거친 박력이라고 할까. 더하거나 빼가는 형태가 마치 창조와 파괴를 동시에 보는 듯하다. 처음부터 전체 계획은 없다고 말하는 것 같은, 그야말로 현재진행형의 예술 창조가 거기에 있다. 나는 그런 점에서 르코르뷔지에 개인의 거대한 재능을 느끼는 동시에 굉장히 유럽적인 건축 창조의 자유도 느낀다. 그리고 이 다이너미즘dynamism을 통해 인간이 사물을 만드는 행위의 근사함과 인간이 살아가면서 공간을 만들고 공간을 사용하는 행위의 대단함과 기쁨을 강렬하게 느낀다.

르코르뷔지에가 만든 주택 건물 중 몇 채는 현재 재단이 관리하는 르코르뷔지에 미술관이 되어 누구나 견학할 수 있다. 그곳을 방문할 때마다 아무도 살지 않는 건물 내부가 뭔가 텅비어 있는 것처럼 느껴진다. 아무리 실내를 가구나 장식품으로 꾸며도 불가사의한 공허함은 사라지지 않는다. 르코르뷔지에의 주택은 누군가가 거주해야 한다는, 즉 누군가가 생생하게 사용해야 한다는 강렬한 요구가 깃든 건축이다. 그것은 어머니의 집 같은 인간적인 작은 주택뿐 아니라 빌라 사부아 Villa Savoye처럼 도저히 주택처럼 보이지 않는 궁전 같은 대형 건물도 마찬가지다.

르코르뷔지에 건축이 가진 맹렬함과 크기는 낱낱의 작품을 볼 때뿐 아니라 그의 커리어 전체에서도 느껴진다. 종종 언급되는 것처럼 그의 건축 스타일은 시대와 함께 점점 변해왔다. 추상적이고 하얀 순수한 주택의 시대에서 말년으로 갈수록 초기에 추구했을 법한 추상적인 큐브가 확 일그러지고, 하얗고 아름다운 칠이 벗겨지며, 거친 콘크리트가 노출되고, 유리와 새시를 떼어내어 안인지 밖인지 알 수 없는 폐허 같기도 하고 낙원 같기도 한 굉장한 건축이 된다. 건축이 점차 원시인처럼 변모한다고 표현하면 좋을까? 그러한 맹렬함, 그러한 작업 방법으로 건축적 자유를 획득해가는 한 건축가의 흐름에 나는 큰 감동을 받았다. 기능이나 합리성, 구성 방법, 토지 같은 여러 가지를 모두 초월해 자유로 향하는 르코르뷔지에의 한 걸음 한 걸음에 많은 용기를 얻었다.

그런 르코르뷔지에의 활동의 다양함과 맹렬함은 그 자신에게는 물론 근대건축 운동 전체에서도 굉장히 중요했다. 만약 르코르뷔지에라는 존재가 없었다면 근대건축 운동이라는 풍요롭고 커다란 운동은 훨씬 변변찮고 따분했을 것이다. 건축사 전체를 보아도 그와 같은 방법으로 인간의 존재를 건축 창조의 중심에 둔 예는 그 이전에도 그 이후에도 없었다. 또한 인간의 존재를 중심에 두고 이렇게 거대한 건축을 창조한 사람도 없었다. 그의 뒤를 이은 수많은 건축가가 그처럼 되고 싶다고 마음 깊이 바랐지만 누구도 그처럼 할 수 없었다. 그런 의미에서 르코르뷔지에는 분명 모더니즘이 낳은 거인임에 틀림없다.

새로운 삶으로

스즈키 료지* vs 니시자와 류에

B급 활력과 야생

스즈키 저는 르코르뷔지에에 대해 근본적으로 상반되는 감정을 가지고 있었습니다. 니시자와 씨 정도의 나이였을 때는 르코르뷔지에에 대해 적극적으로 알고 싶은 마음은 없었어요. 당시에는 르코르뷔지에가 굉장한 거장으로 다루어졌기 때문에 조금 반발심도 있었습니다. 르코르뷔지에 자체는 괜찮았지만 그의 영향을 받은 분들의 작품이 일본 여기저기에 세워지는 것을 보면서, 물론 그중에는 좋은 작품도 있었지만,

---

• 스즈키 료지(鈴木了二, 1944~)는 일본의 원로 건축가로서 와세다 대학 예술학교 교장을 지냈으며, 현재는 스즈키 료지 건축계획사무소 대표이다. _옮긴이

이건 좀 아니라는 생각이 들 때가 있었습니다. 게다가 모두가 칭찬하는 걸 굳이 저까지 칭찬할 필요는 없을 것 같았고요.

또 한 가지로 르코르뷔지에의 글은 메시지가 강했잖습니까. 그런 프로파간다적인 부분이 싫었어요. 시대가 그렇게 만들기는 했지만 그는 당파적인 말을 많이 했습니다. 모두가 당파를 이루던 시대에 그는 자기 혼자 당파를 만드는 양 움직였기 때문에 문장은 프로파간다가 되었고 말과 행동이 서로 어긋나는 경우도 발생했지요.

그래서 그의 작품을 보지 않으려 했지만 40세가 지날 때부터는 이전에 생각하던 이미지와 다른 대단함이라고 해야 할까, 재미를 느꼈고 오히려 르코르뷔지에가 스스로 내건 것과는 다른 부분에 관심을 갖게 되었습니다.

니시자와 40세를 지나면서 어떤 부분이 좋다고 느끼셨나요?

스즈키 르코르뷔지에의 장점은 솔직함 혹은 대범함, 그리고 그 무서움을 모르는 부분에서 희로喜怒가 매우 강하게 나온다는 것입니다. 표현 방법도 세련되지 않고 날것 그대로의 느낌이 강하지요. 그 부분이 좋아요.

하지만 일본에서는 르코르뷔지에를 거장으로 치켜세웠기 때문에 그런 면모가 삭제되었습니다. 그의 야성이 사라져버린 거지요. 오히려 그를 거장의 위치에서 우리 쪽으로 끌어오는 편이 좋지 않을까 하고 생각하니 갑자기 재밌어지더군요.

— 이른바 'B급'으로 보려 하셨군요.

스즈키 그렇지요. 그렇다고 B급이라는 말이 나쁜 의미는 아니에요. A급이란 어딜 봐도 뛰어난 것을 말합니다. 영화로 말하면 오즈 야스지로小津安二郎 같은 사람이 그러한데, 반대로 컷과 컷을 순서대로 촬영하는 것 같은 B급 감독도 있잖습니까. 르코르뷔지에의 경우는 그 자신이 처음으로 근대건축을 시작했기 때문에 사람들에게 자신을 A급으로 인식시켜야만 했고 수용하는 쪽도 모두 그를 A급으로 받아들였습니다. 하지만 사실 좀 더 B급에 가까운, 활력 있는 사람이 아니었을까 싶어요.

최근 「드팔마와 르코르뷔지에」라는 글을 ≪유레카≫(2007년 5월 호)에 썼습니다. 브라이언 드팔마Brian De Palma라는 영화감독은 완전히 B급 취급을 받고 있는 사람인데 스스로도 그렇게 여기기로 한 것인지 칸에서 상을 받으려는 생각 따위는 눈곱만큼도 없어요. 그래서 영화도 전체적으로 문제가 많지만, 말도 안 되게 좋은 신scene을 찍을 수 있는 사람이기도 해서 훌륭한 장면도 몇 개인가 있습니다. 저는 그 점을 높이 평가하기 때문에 르코르뷔지에가 오히려 드팔마의 위치로 와주고 드팔마가 르코르뷔지에의 위치로 가면 어떨까 싶었습니다. 바로 그 지점에서 우리의 가능성을 볼 수 있지 않을까 해서요. 그래서 아직도 잘 이해되지 않는 르코르뷔지에의 이상함을 실험적으로 써보고자 했습니다.

이 때문에 상반되는 감정을 가지고 있으면서도 그에 대한 관심은 오히려 늘었습니다. 시대가 한 바퀴 돈 지금, 르코르뷔지에가 어떤 식으로 수용되고 있는지 니시자와 씨에게 묻고 싶군요.

삶의 기쁨

니시자와　제가 학생일 무렵에는 르코르뷔지에에 대한 반발심 같은 것은 없었고 대단히 순수하게⋯⋯.

스즈키　그렇군요. 콜린 로우Colin Rowe[*]가 등장한 이후였을 테니까요. 제가 학생이던 시절에는 콜린 로우도 없었고 뉴욕 파이브The New York Five도 없었어요. 젊을 때 그들을 보지 않아 다행이라고 생각합니다(웃음).

니시자와　르코르뷔지에는 이론적 활동을 왕성하게 했기 때문에 계획학計畫學으로 접근하기가 쉽고, 또 일본인들은 계획학을 좋아하기 때문에 계획학적인 접근을 통해 그의 이론을

---

* 미국의 건축 이론가로서, 르코르뷔지에에 관한 그의 연구는 당대의 건축가들에게 상당한 영향을 끼쳤다. 1970년대에 활동하며 르코르뷔지에의 색채가 강한 건물을 설계했던 건축가 그룹 뉴욕 파이브도 로우의 지도를 받았다. _ 옮긴이

반영합니다. 실제로 르코르뷔지에가 그런 식으로 반영할 수 있는 말도 했으니까요.

스즈키　재생산인가요? 재미있는 지적이군요. 형태론적인 확대재생산.

니시자와　평면 계획의 경우에도 계획학으로 접근한 후에 건축 조작을 하는 느낌이라고 할까요. 여기에는 일본인이 쉽게 배울 수 있는 부분이 있어 계획을 세우기도 쉽고 재생산하기도 쉽습니다. 물론 그렇게 하면 르코르뷔지에가 지녔던 본래의 대단함이 누락된다고 생각하기는 합니다만.

스즈키　떨어져 나가버리지요.

니시자와　그렇습니다. 아마 저희 세대는 모두 그럴 것 같은데, 처음에는 르코르뷔지에를 거의 교과서 삼아 건축을 배우기 시작했습니다. 그 후 첫 외국 여행에서 르코르뷔지에를 보는 투어를 했는데 이것도 '반드시 봐야 한다'는 분위기가 강했기 때문이었어요. 심지어 대학원 시절에는 르코르뷔지에의 건물이 있는 곳 가운데 열차로 가지 못했던 곳을 보러 다시 갈 정도였으니 주위 사람들 눈에는 르코르뷔지에 신자로 보였을지도 모르겠습니다. 하지만 꼭 그렇지도 않았어요. 실제로는 그저 르코르뷔지에를 공부하려던 것뿐이었으니까요.

　처음으로 봤던 르코르뷔지에의 건축은 라 로슈-장느레 저택Villas la Roche-Jeanneret이었습니다. 파리의 거리에 떠오른 하얇고 추상적인 볼륨이 인상 깊었습니다. 그곳을 향해 길을 걷다가 한 걸음 안으로 들어가면 가로수가 나타나고 안쪽이 보이지요. 그 부분이 정말 좋았습니다.

스즈키 세상이 그 모퉁이에서 변하지요.

니시자와 그랬습니다. 생생함이 느껴졌어요. 그 후 몇 군데를 더 돌아보고 좋다고 느낀 점이 있는데, 우선 르코르뷔지에의 건축은 일본에서 흑백사진으로 보던 것과 달리 거칠고 삶의 기쁨 같은 것이 건물 전체에서 흘러나와 놀랐습니다. 빌라사부아도 모든 공간, 모든 방에 삶의 기쁨이 있었고 부엌이나 거실, 욕실 같은 곳에도 생생한 생활 모습과 인간의 풍요로운 삶이 매우 선명하게 나타나 있었습니다. 20세기 초의 생생함은 물론, 새로운 시대의 삶을 목표로 하고 있다는 게 강하게 전해졌습니다.

스즈키 확실히 그런 부분이 있어요. 부엌이나 그 부근은 처음부터 전부 계획해둔 것 같은 신선함이 있습니다.

니시자와 로잔에 있는 어머니의 집(레만 호숫가의 작은 집)도 좋아합니다. 입구에서 거실까지, 다시 식당에서 침실, 욕실까지 전부 연속되지요. 자유로운 평면에 의해 전체가 연속되고, 수평창을 통해 거실, 식당, 침실에서 눈앞의 호수를 볼 수 있으며, 옥상정원이 있고, 안쪽 게스트 룸은 공중에 떠서 필로티 공간이 되어 있습니다. 근대건축의 5원칙이 그대로 그 작은 집에 들어 있고 그로 인해 매우 쾌적한 주택이 되었습니다. 가장 소중한 부모님을 위한 집에 5원칙이 나타난다는 점이 정말 대단해요.

스즈키   저는 아직 본 적이 없는데 가보고 싶어지네요.

니시자와   스즈키 씨가 말씀하신 것같이 그의 인간성이랄까, 자신의 신체성에 뿌리내린 생활공간, 새로운 주택의 비전이 나타나 있습니다.

스즈키   그렇군요. 빌라 사부아는 조금 손질하기 시작했을 무렵에 봤던 것 같은데 오히려 폐허에 가깝게 보였습니다. 하지만 말씀하신 대로 삶의 기쁨이 있었어요. 폐허 같은 곳에서 처음부터 다시 한 번 살아가기 위해 일어서는 장소처럼 보였습니다. 앞서 말한 부엌이나 욕실도 지금의 우리가 하는 것처럼 이미 체계화된 것을 고르는 설계가 아니었기 때문에 아무것도 없는 상태에서 시작한다는 느낌이 들었던 거겠지요.

폐허성 또는 원초성

스즈키   또 한 가지, 르코르뷔지에의 건축에는 '거주의 편이성'만을 생각해서는 답을 찾을 수 없는 무언가가 있습니다. 꽤나 억지스러운 부분도 있는데 예를 들어 경사로를 가운데로 가져오는 부분은 갑갑합니다. 경사로가 되풀이되며 올라가는 옥상에서 외부로 시선이 빠져나가는 부분에 창문 같은 개구부가 열려 있어요. 어머니의 집에도 그런 창문이 있는 것을 사진으로 봤는데, 외부 벽에 구멍이 뚫린 것 같은 부분은 일종의 폐허 타입이라고 할 수 있겠지요.

좋은 건축은 처음부터 폐허성이 있는 것처럼 느껴집니다. 폐허에는 두 가지 타입이 있어요. 하나는 루이스 칸의 작품으로 대표되는 그리스나 로마 특유의 폐허성을 계승한 건축이고, 또 하나는 르코르뷔지에의 작품입니다. 벽에 뜬금없이 구멍이 뚫린 듯한 느낌인데, 중동에서 폭격을 받은 건물의 사진을 보면 왠지 빌라 사부아 같은 분위기가 나지요. 아파트나 공공시설 같은 평범한 근대건축이 파괴되면 대체로 그런 느낌이 납니다. 일단 원시로 포지션을 0으로 돌린 모습에서 나오는 느낌. 제 기준에서 삶의 기쁨을 말한다면 그런 모습인지도 모르겠습니다.

니시자와 폐허에는 다양한 의미가 있는데 바꿔 말하면 건축의 가장 원초적인 모습이랄까요. 주택이 되기 전, 개구부에 유리가 들어가기 전, 사용할지 말지 정하지 않은 상태, 가장 발가벗은 상태에 건축의 매력이 있는 것 같습니다.

스즈키 그렇지요.

니시자와 예전에 이탈리아의 살레르노라는 지역의 구시가지에 간 적이 있습니다. 구시가지에는 석조로 된 집이 밀집되어 있었는데 그중에는 사람이 살지 않아 방치된 채로 지붕이 떨어져서 마치 커다란 벽으로 둘러싸인 안뜰 같은 느낌을 가진 집이 있었습니다. 빗물이 위에서 흘러내리고 벽에는 몇 개의 창이 열려 있었지만 유리는 없고, 그 앞에 아름다운 하늘이 보였어요. 새가 건물 안을 가로질러 가는 모습이 마치 낙원처럼 보였습니다. 건축만 남게 되면 이렇게 멋지구나 싶었어요. 다양한 약속에서 벗어나 완전히 해방된 개방성을 느꼈습니다. 엄청 자유로웠어요.

스즈키　알 것 같네요.

니시자와　폐허이기도 하지만 표현을 바꾸면 건축의 가장 원시적인 모습이기도 합니다.

스즈키　원초성이라는 것은 결국 어딘가에서 폐허성과 연결됩니다. 360도 돌아서 만나는 듯한 느낌이지요. 완성 전과 후가 하나로 합쳐지는 상태인데, 그것을 한마디로 말하면 원초적이라고도 할 수 있고 폐허성이라고도 할 수 있습니다.

　—　원초성을 가장 강렬하게 느낀 르코르뷔지에의 건축은 무엇인가요?

니시자와　빌라 사부아도, 라 투레트La Tourette 수도원도 그런 느낌이 있었어요. 공중 정원에서 어두운 땅속까지 걸쳐 있는 건물인데, 전체적으로 매우 건축적인 인상을 받았습니다.

　—　방금 전에 '건축만 남는다'는 표현을 하셨어요.

니시자와　건축만 남는다 해도 어딘가에서 인간과 관계를 맺는다고 생각합니다. 매우 쾌락적인 존재예요. 건축을 만드는 방법이 쾌락적이랄까, 거칠고 인간적입니다. 그런 매력은 초기의 건식 공법으로 지어진 주택에서도 느껴지지만 라 투레트같이 콘크리트만으로 만들어진 곳에서도 느껴집니다.

스즈키　느껴지지요.

니시자와　마르세유의 위니테 다비타시옹Unité d'Habitation도 그래요.

현대성

니시자와　르코르뷔지에에게서 느끼는 또 한 가지는 현대성입니다. 잘 요약하기 어려운 현재진행형의 형태를 향해서 창조한 느낌이에요. 르코르뷔지에의 건축은 지금도 사용할 수 있는 부분이 많은 것 같습니다. 세계대전 때부터 전후의 변천하는 정치체제와 관계를 맺으며 작업을 해온 점도 꽤 르코르뷔지에다운 부분입니다. 미스는 그런 정치적인 부분과는 거리를 뒀거든요.

스즈키　그건 그거대로 미스다운 정치지요.

니시자와　르코르뷔지에는 앞날이 잘 보이지 않더라도 일단 다양하게 이런저런 일을 해보고, 그 속에서 현대성 같은 부분을 본능적으로 느꼈던 것이 아닐까 싶습니다.

스즈키 그런 부분도 있겠지요.

니시자와 현대사회라는 것이 르코르뷔지에에게는 큰 과제가 아니었을까요? 미디어를 활용하면서 자신의 목소리를 펼친 것도, 뉴욕에 흥미를 느끼고 그곳으로 간 것도 현대를 비판했던 것과 별개로 그가 현대사회에 상당한 흥미를 가졌기 때문이라고 생각합니다. 근대건축의 5원칙은 현대의 주택이 갖춰야 할 조건이기 때문에 현대인의 삶의 방식과 꽤 연결되어 있는데, 그의 도시 이론에도 그런 부분이 있습니다.

스즈키 그렇군요.

니시자와 하지만 한편으로 학생 시절 때는 『빛나는 도시La Ville radieuse』가 뭐가 재밌는지 잘 이해되지 않았어요.

스즈키 지금은 재밌나요?

니시자와 서술 방법이 재밌습니다. 지극히 계획적이고 도식적인 동시에 뭔가 감정적인 신기한 문장이에요.

스즈키 그렇지요. 말은 이론적이지만 이론적으로는 읽을 수 없어요.

니시자와 맞습니다. 빛나는 도시라는 도시상을 그리기 위해 매우 형식적인 서술을 합니다. 업무 지구는 이렇고, 주거지역은 이래야 한다, 농촌은 이래야 한다는 식으로요. 도식적이라고 해도 좋을지 모르겠습니다. 어떤 객관성을 가지고 쓰면서도 꽤나 감정적이라고 해야 할지, 아주 화를 내는 것 같은 느낌을 줍니다.

스즈키 거기에 시 같은 문장도 섞여 있지요.

니시자와 도식적인 것을 말하면서 자신의 근본적인 가치관을 맹렬하게 표현하는 사람이에요.

스즈키 그렇게 보면 말이 시간의 경과로 조금 환원되면서 옛날만큼 감정을 움직이지 않고 확 읽을 수 있는 시대가 된 건지도 모르겠네요.

니시자와 그럴지도 모르겠네요.

정치성과 전략성

스즈키 르코르뷔지에의 경우 삶의 기쁨이 작품에 확실히 드러나고 앞서 말한 원초성도 나타납니다. 단지 그가 점차 작업을 확장해가는 방식에는 조금 걸리는 점이 있어요. 그 시대는 러시아 혁명이 일어나고 전체주의가 등장하고, 홀로코스트가 벌어진 엄청난 시대였지만 그래도 작업을 해야 했습니다. 보통은 좀 더 일을 골라서 할 법한데, 그는 소련에 가기도 했고 이탈리아의 파시스트와 연줄을 만들려고도 했으며 미국의 유엔 빌딩 계획에도 참가했습니다. 심지어 프랑스 비시 정권의 일도 했는데, 그것을 위대한 건축가의 삶이라고 비판 없이 긍

정해버리면 '일이면 뭐든지 좋다'라는 식이 되어버리겠지요.

그래도 르코르뷔지에는 그걸로 용서가 되는 것 같기도 해요. 요동치는 그 시대에서는요. 하지만 거기에는 모순이 내포되어 있습니다. 그는 그릇된 부분이 많은 사람이었고, 우리는 그 그릇된 부분을 제대로 보면서 그 상황 속에서 벌어졌을 갈등을 읽어줘야 한다고 생각합니다.

다만 그것과 작품이 살아 있는 것은 별개의 일입니다. 니시자와 씨가 말한 것처럼 5원칙이라는 것이 단순히 프로파간다에 그치지 않는다는 점은 중요할지도 몰라요. 하지만 단 다섯 개로 정한 부분이 아무리 봐도 프로파간다스러워서……

니시자와 그렇습니다. 분명히 르코르뷔지에에게는 그런 면이 있지요. '캐치프레이즈로 쉽게 알 수 있도록 해야 한다'고 주장하는 듯한.

스즈키 맞아요. 이렇게 르코르뷔지에를 평가하는 방식에는 여러 가지가 있어서 이것들을 복합적으로 보는 게 중요합니다. 또 이제 그런 식으로 볼 수 있는 시대가 되었다고 생각하고요. 1990년대부터 르코르뷔지에에 관한 연구가 변모하면서 그의 정치성에 무게를 둔 관점이나 초기 드로잉 또는 『동방여행 Le Voyage d'Orient』에 대한 견해를 재조명한 연구가 나타났습니다. 가령 그의 정치성과 관련해 알제 Alger 나 그 주변의 도시계획이 당시의 식민지 박람회와 연결된다는 분석이 나왔습니다. 그 당시의 모든 프랑스인이 그랬던 것은 결코 아니지만, 쉬르레알리스트Surréalist들을 중심으로 안티 식민지 박람회를 조직하려는 움직임도 있었어요. 나치의 꼭두각시였던 비시 정권의 환심을 사려 했던 것도 지식인으로서는 좋아 보이지 않습니다. 하지만 반대로 약점으로 생각하면 굉장히 인간적이라고 할 수 있겠지요.

『동방 여행』에서 르코르뷔지에가 깊은 관심을 보인 건 오리엔트입니다.

니시자와 '동방 여행'이니까요.

스즈키 르코르뷔지에는 유럽 근대건축의 원조처럼 불리지만 비유럽권에 관심을 두고 있었습니다. 그것을 있는 그대로 내놓지 않고 한 번 정도 접합해서 마치 그리스·로마에서 출발한 것처럼 보여줍니다. 그렇게 생각하면 르코르뷔지에는 굉장히 재밌어요.

'건축적 산책로'라는 사고방식을 봐도 그리스·로마의 정통을 이어받은 유럽 스타일은 분명히 아닙니다. 그 부분이 신선하지요. 앞서 말한 살레르노의 프로젝트는 저도 사진으로 봤는데, 그리스·로마와는 또 다른 중세의 상쾌한 느낌과 연결된 모습이라고 생각합니다. 그런 장점은 원초성이라고 해도 좋고 야성이라고 해도 좋습니다. 그 정도가 되면 유럽권의 정통, 즉 그리스·로마 또는 고딕에 수렴하는 것과는 다른 존재가 돼요. 그것은 이슬람적인, 집약적인 것과 공통점을 가집니다. 그렇게 되면 지금까지 유럽 중심으로 구축되어온 근대 건축사가 근본적으로 변하게 됩니다.

— 교과서 등에서 잘 지적되지 않는 부분이군요.

스즈키 슬슬 바뀌어야 하겠지요.

쾌락성

— 분명 삶의 기쁨이라는 것을 교과서에 기술하기는 어렵겠지요. 파리의 자울Jaoul 주택을 작년에 처음 봤는데 말씀하신 삶의 기쁨 같은 것이 공간에서 전해져왔습니다. 설계뿐 아니라 개구부의 프러포션proportion, 벽감을 통한 공간의 요철, 나무나 돌 같은 물체의 사용법 등 전체적으로 그 장소에서 생활하는 기쁨이 가득 흘러넘쳤습니다.

니시자와 르코르뷔지에 건축에는 쾌락성이 강합니다. 그건 이론으로 보려고 하면 보기 어려워요.

스즈키 확실히 쾌락성이 있어요. 이론이 아니라면 그건 어디서 나오는 걸까요?

니시자와 아무래도 이론·언어로 생각하려 하는 르코르뷔지에와 동물적·인간적·본능적 가치관이 드러나는 르코르뷔지에의 양면이 있었던 게 아닐까요? 그의 주택을 보고 있노라면 현재 빌라 사부아와 그의 아틀리에, 어머니의 집에 아무도 살지 않고 있다는 점이 아쉬워집니다. 그의 주택은 누군가의 거주를 강하게 요구하는 것 같거든요.

르코르뷔지에의 주택은 단순히 쾌적하다기보다 어떤 삶의 방식, 스타일을 만들려 한다는 느낌입니다. 예를 들어 터키인이건 이탈리아인이건 아침에는 이런 걸 먹고, 직장에서 돌아와서는 이렇게 목욕한다는 독자적인 방식이 있는데 그는 그런 식으로 어떤 하나의 스타일, 삶의 방식과 견줄 수 있는 스타일을 나타내려고 합니다.

스즈키 게다가 구체적으로 제안하고 있어요.

니시자와 목욕하는 법이건 부엌에서 요리하는 법이건, 혹은 '옥상에서 빈둥거리며 쉬는 편이 좋지 않겠어?'라고 말하는 것 같은 부분도 기능적으로 보면 틀림없이 불편합니다. 그렇지만 불편하면서도 쾌락적이지요. '기능'이라는 것을 편리나 불편이라는 기준으로 생각하지 않는 거예요.

— 르코르뷔지에의 건축은 지금도 사용할 수 있는 부분이 있다고 하셨는데 구체적으로 어떤 부분인가요?

니시자와 한마디로 그의 주택은 지금 거주해도 쾌적하다고 느껴지는 부분이 많습니다. 빌라 사부아는 좀 무섭지만 그래도 살아보고 싶습니다.

스즈키 살아보고 싶어요. 하지만 조금 용기가 필요하지 않

을까요?(웃음)

니시자와　굉장히 많이 필요하겠지요?(웃음) 하지만 그의 아틀리에나 로잔의 집은 의외로 자연스럽게 거주할 수 있지 않을까요?

스즈키　알바 알토Alvar Aalto가 만든 주택은 어떤가요? 살 수 있을 것 같지 않나요?

니시자와　살 수 있을 것 같습니다. 알토도 좋아하거든요.

스즈키　알토의 주택에서 거주할 수 있다는 것과 르코르뷔지에의 주택에서 거주할 수 있다는 것은 좀 다릅니다. 르코르뷔지에는 비약을 요구할 가능성이 있어요. 알토의 경우 기분이 좋은 가운데 유유자적함이 있습니다. 그런데 르코르뷔지에는 부탁하지 않았는데 쾌락을 줍니다(웃음). 그래서 그런 부분까지 결심한 사람이라면 거주할 수 있겠지요.

니시자와　알토의 편안함은 상당히 다릅니다. 또 르코르뷔지에에게서 느껴지는 쾌락은 부드러운 것이 아닌, 뭔가 야만적인 느낌입니다. 르코르뷔지에는 그림도 그렸는데 그림보다 건축이 사납고 야성적이고 관능적이기 때문에 저는 개인적으로 건축에 좀 더 감동합니다.

스즈키　그럴 것 같네요. 수준이 전혀 다르니까요.

니시자와　20세기가 시작하던 시대에는 어떤 건물을 세우면 그것이 그대로 그 빌딩 타입의 첫 모델이 될 가능성이 매우 높지 않았을까 하는 상상을 합니다. 당시는 지금과 같은 학교 교육제도나 병원 시스템이 없었기 때문에 학교를 설계하면 그게 반드시 새로운 시대의 실험이 되었을 테니, 역사건 사무실이건 만드는 건 모두 그 자체로 도전이 되는 굉장한 가능성의 시대였다고 생각합니다. 병원을 만들면 베네치아 병원 같은 건축이 나오고 집합 주택을 만들면 위니테 다비타시옹 같은 건축이 나왔어요. 산업혁명과 19세기 이후의 다양함이 격동하는 시대였고, 무엇이든 새로워질 가능성을 숨기고 있던 시대였기 때문에 그런 시대에서 만드는 다이너미즘이랄까, 도전성이 르코르뷔지에의 건물에 있습니다.

스즈키　　그렇네요. 그 도전이 쾌락까지 간 느낌이에요.

니시자와　　미스는 그런 것에 별로 흥미를 갖지 않고 만드는 듯하지만요.

스즈키　　맞아요. 미스의 작품에는 기본적으로 인간은 아무것도 변하지 않는다는 견해가 깔려 있어요. 새로운 시대의 가능성에 대해서도 굉장한 니힐리스트였던 것 같습니다. 눈앞에서 시대가 다양하게 변하더라도 인간의 근본은 하나도 변하지 않는다고 보던 사람이지요. '시대 의지'라고 말한 것도 그래서였을 거예요. 하지만 미스의 경우에는 기둥 그 자체나 벽 자체가 변하지요. 삶의 방식이나 스타일이 아니라 건축의 부위에서 변합니다. 그래서 르코르뷔지에와 대조적이에요.

니시자와　그렇지요.

스즈키　르코르뷔지에는 자신이 새로운 것을 실현시키는 '사도'라고 말했는데, 확실히 그에게는 그런 의식이 강했습니다. 사도로서의 자각이 처음부터 있었어요. 하지만 사도라 해도 의무로 하는 건 안 되니 어딘가에서부터 의무를 일탈했기 때문에 쾌락이 되었던 거겠지요.

니시자와　의무가 아니었지요.

스즈키　네, 그건 분명해요. 그래서 대단합니다. 르코르뷔지에의 쾌락성에 대해 말하는 사람은 별로 없지만요.

니시자와　그래도 모두 느끼고 있을 거예요. 저는 1920년대에 그가 지은 초기 주택을 보며 아름답다고 느꼈는데, 그때부터 이미 굉장히 쾌락적이었습니다. 또 거기서부터 그의 건축에서 도장이 벗겨지면서 점점 콘크리트가 나타나고 와일드해졌어요. 인도의 주택은 그 정점인데 식물이 무성하고 비가 들어와 원시인의 거주지처럼 되었습니다. 그런 초기에서부터 후기에 이르는 그의 전개랄까, 르코르뷔지에가 다양한 족쇄를 벗어나는 모습은 대단해요.

스즈키　초기의 작품 상태에서 점차 세련되어지는 흐름을 타지 않고 제 발로 밟고 넘어간다고 해야 할지, 르코르뷔지에는 자신을 파괴합니다. 그 대담함, 밟고 넘어가는 힘이 쾌락성으로 전해지는지도 모르겠습니다.

— B급의 활력과 쾌락성은 한 몸과 같은 걸까요?

스즈키 아마 그럴 겁니다. 5원칙도 '왜 하필 이 다섯 가지를 열거한 거지?' 싶은 내용이잖아요.

니시자와 그렇지요. 지리멸렬하다고 말해야 할지.

스즈키 그것도 쾌락적이에요. 쾌락이 아니었다면 좀 더 정리된 상태로 나오지 않았을까요? 수평창과 자유로운 평면은 같은 범주에 들어갈 것 같지만 집요하다 싶을 정도로 나눈 부분이 매력적이에요. 자유로운 파사드와 수평창이 각각의 항목으로 따로 존재하는 점이 중요합니다.

투명성

— 빌라 사부아는 건축적 산책로에 초점이 맞춰지는 경우가 많은 것 같은데, 그 시퀀스 속에서 보이는 풍경이 굉장히 그림 같습니다. 그러나 이 그림도 그냥 평면이 아니라 몇 개의 공간적인 층 위에 그려진 것처럼 보입니다.

니시자와 르코르뷔지에의 투명성을 말씀하시는 건가요?

스즈키 그렇습니다. 투명성이라고 할 수도 있고 '층으로 보이는 것'이라고 할 수도 있지요. 그러고 보니 전에 콜린 로우가 '바닥은 사실 평평한 벽이다'라는 르코르뷔지에의 말을 인용했던 것 같습니다만. 무슨 이야기인가 하면, 입면立面도 평평하다는 의미에서는 평면이지만 거기에 개구부가 있으면 그 부분만 깊이가 발생해요. 평면에 구멍이 뚫려 그 안쪽으로 들어가게 되지요. 르코르뷔지에의 건축에는 굉장한 깊이감이 있지 않습니까?

니시자와 그렇지요.

스즈키 보통 투명성이라고 하면 맞은편에 겹쳐진 상태를 말하지만, 빌라 사부아에서는 더욱 능동적으로, 더욱 긍정적으로 관통하는 듯한 깊이에 대한 강렬한 욕구가 느껴집니다. 다만 그것은 문자 그대로 표현되지 않고 보이지 않는 형태로 존재하는데, 창문을 보면 창문의 맞은편에 항상 뭔가 있어요. 장면과 장면을 보듯이 구성되었지요. 그의 스케치를 보면 그 시퀀스가 잘 나타나 있습니다. 그래서 영화적이라고 할까요? 드팔마같이 강하게 앵글의 시선을 의식해서 굉장한 깊이감을 만들어내고 있습니다. 설계 자체는 평면의 적층, 벽의 적층일지 몰라도 거기에는 그것을 관통하는 시선이 존재하기 때문에 우리도 건물에 들어가 보면 거기에 끌립니다.

그게 가장 구체적으로 나타난 건축이 라 투레트의 복도입니다. 그곳은 터널 모양으로 만들어졌는데, 실은 그런 것을 의식하고 있지 않았을까요? 예전에는 그것을 영화적이라고 말했지만 새로운 원근법이라는 의미에서 최근에 '협착 퍼스펙티브狹窄 perspective'라는 이름을 붙여보았습니다. 독특한 확장이 있지만 어떤 부분이 묘하게 좁아지는 것처럼 느껴지는 이유는 그래서가 아닐까 싶네요.

창문은 항상 그런 의식을 가지고 만든 것 같습니다. 얼마 전 니시자와 씨와 다이칸야마代官山에서 토크쇼를 했을 때 영상에도 두께가 있다는 이야기를 했는데, 르코르뷔지에의 건축에는 개구부에 두께가 나타납니다. 개구부의 측면 길이 때문에 두껍다는 의미가 아니라 평평하지 않다는 의미예요. 그래서 플랜 구성 혹은 단면의 구성은 어떻게 보면 평면적일지 모르지만 개구부에는 투명하다면 투명하다고 할 수 있는, 맞은편까지 한 번에 꿰뚫는 시선 의식이 있어요. 브루넬레스키 Filippo Brunelleschi나 알베르티 Leon Battista Alberti 의 퍼스펙티브와는 달리 급격하게 터널 상태로 확 좁아집니다. 이 때문에 질주하는 카메라 같아져요. 그런 것이 특히 빌라 사부아에서 강하게 느껴집니다. 1층의 필로티에서 회전해서, 안에 들어가 빙 돌아 경사 부분으로 돌아와서, 도중에 반대로 꺾어 개구부를 통해 빠져나옵니다. 안에서는 그런 운동이 몇 개나 복잡하게 얽힌 것처럼 느껴집니다.

— 확실히 깊이와 함께 일종의 운동감을 느끼게 되지요.

스즈키   그것을 영화 콘티 같은 스케치로 그렸어요. 그의 작품집의 재미난 부분은 스케치나 사진의 레이아웃이 마치 카메라를 돌려서 꽤 빠른 속도로 이쪽으로 와서 저쪽을 보는 느낌으로 이어져 있다는 겁니다.

니시자와 그 시대에 이미 영화가 있었나요?

스즈키 물론 있었어요. 하지만 오히려 건축에서 영화적인 것을 먼저 하고, 영화가 나중에 배운 건지도 모릅니다. 르코르뷔지에의 건축에는 이상하게도 영화적인 측면이 있어요. 원래 관계가 없을 텐데 말이에요.

그래서 르코르뷔지에에게는 포용력이 느껴집니다. 무엇이든 가능할 것 같아요. 제가 꽤 과감한 테마로 글을 써도 르코르뷔지에라면 도중에 흥이 깨지지 않고 끝까지 즐길 수 있을 것 같다고 할까, 쓰는 동안 흥분을 불러일으킵니다. 다른 사람을 상대로 그렇게 쓰면 겉돌게 되기 때문에 할 수 없어요. 이건 르코르뷔지에의 건축에 관해서도 마찬가지입니다.

옥상정원의 현대성

— 5원칙에 대한 이야기가 나왔는데, 현재 5원칙 중에서 어떤 것이 가장 영향력이 있을까요?

스즈키 필로티에 대해 분석하는 사람이 알려줬는데 르코르뷔지에가 자란 스위스 쥐라Jura 지방의 민가나 터키에도 그런 게 있었다는 주장이 나온다고 하더군요. 그 정도로 필로티에 대한 주목도가 높아요. 하지만 지금은 옥상정원이라는 아이디어가 의외로 새로울지도 모르겠네요.

이건 제 주관일지 모르겠지만, 미스나 르코르뷔지에는 대체로 평면상에서 생각하는 사람이 아닐까요? 미스의 작품은 어디까지나 평면적이고 초고층 빌딩이어도 도시락 통을 쌓은 것 같은 모양이지요. 저는 르코르뷔지에도 그렇다고 봐요. 미스 정도로 극단적이지는 않고 분명히 훤히 트여 있기는 하지만, 평면을 쌓아 구멍을 낸 것 같습니다.

니시자와 확실히 그렇네요.

스즈키 근대는 매우 평면적인 시대였다는 생각도 들어요. 그보다 조금 전 시대의 아돌프 로스Adolf Loos는 억지로라도 '세로', 즉 삼차원 방향의 움직임을 생각하던 사람 같습니다. 그것이 보류되면서 근대는 계속 '가로', 수평의 감각이었는데 옥상정원으로 겨우 다시 상하의 관통이 시작되었습니다. 필로티는 천장이 평평하고 그것을 기둥으로 지탱하는 수평 공간이지만 옥상에 들어가는 순간 입체가 됩니다. 그래서 5원칙 가운데 지금은 옥상정원이 가장 신선할 거예요.

근대의 평평한 지붕은 옥상정원의 전제가 되었습니다. 그래서 새로운 공간일지도 몰라요. 평평하지 않으면 기본적으로 무리니까요.

니시자와 원래 유럽의 감각으로 보면 옥상은 가난한 사람이 거주하던 곳이지요. 파리의 지붕 밑에는 하인이 살았어요. 그런 것을 봐도 르코르뷔지에의 옥상정원은 상당히 특이한 발상입니다.

스즈키   좋은 지적입니다. 1920~1930년대는 베냐민의 파사주 시대였고, 그 당시의 스카이라인을 보면 옥상은 궁상맞은 장소라는 의식이 있었어요. 그걸 르코르뷔지에가 멋지게 반전시킨 거지요. 갑자기 풍경을 바꾸어버렸어요. 옥상정원을 통해 지금까지 보던 것을 다른 방법으로 보게 되었습니다. 가치관이 갑자기 전도되어 버렸어요. 옥상정원이 그 정도로 강력했다는 점이 재밌습니다.

니시자와   유럽뿐만 아니라 터키나 인도도 그렇습니다. 인도에 가면 모두 옥상에서 생활하고 개방적이기 때문에 그런 느낌이 들지도 몰라요.

스즈키   유럽적인 가치관으로만 봤다면 옥상은 언제까지나 허름했겠지요. 이 전환은 우리도 일상적으로 사용할 수 있을 거예요.

평면성: 회화와 평면도

스즈키   왜 르코르뷔지에가 평면인가 하면, 르코르뷔지에는 평면 위에서 생각하는 것이 특기거든요. 르코르뷔지에의 그림에 대해서 저는 니시자와 씨와 마찬가지로 전체적으로는 그렇게 대단하다고 생각하지 않지만 처음 몇 장의 그림은 그 자체로 대단해요. 특히 그는 평면과 입면을 동일 평면 속에서 어떻게 해야 정확하게 그릴 수 있을지 생각했던 것 같습니다. 건축가다워요. 삼차원을 평면과 입면으로 해체하면서 동시에 동일한 캔버스 위에 정착시켰습니다.

물론 건축 스케치에는 삼차원을 그립니다. 오히려 영화적인 장면으로 그리는데, 완성된 회화는 확실히 이차원으로 생각하고 몰두했어요. 그 부분에서는 현대적인 화가예요. 미술사에서 즉물적으로 이차원을 자각하기 시작한 것은 20세기 이후입니다. 그 가운데에서 회화에 몰두했다는 것은 분명히 이차원상의 가능성을 화가로서 진심으로 좇아가고 있었던 거겠지요. 그것이 건축에도 나타나기 때문에 이차원적으로, 평면적으로는 항상 재미있습니다.

그런데 삼차원은 그렇게 잘한다는 생각이 안 들어요. 결과적으로 보면 이차원의 평면에 구멍을 뚫어 쌓아올렸지만 아무래도 평면의 적층 같은 느낌을 떨칠 수가 없습니다. 한 번에 삼차원까지 수직으로 생각하는 사람은 오히려 주세페 테라니Giuseppe Terragni 같은 사람입니다. 테라니는 삼차원에 대한 지향이 높아요. 르코르뷔지에는 방금 말한 옥상을 통해 약간 탈피하긴 했지만 이차원의 평면적인 사고 속에 있어요. 그래서 회화를 계속 그리는 것과 그 평면도의 재미는 연결된 것처럼 보이지요.

니시자와   도미노의 특허 같은 드로잉에서 시작해서인지도 모르겠지만, 확실히 평면성은 굉장히 강합니다. 라 투레트마 저도 조금 그런 느낌이 남아 있어요.

스즈키   '세로'는 아니지요.

니시자와   르코르뷔지에는 스스로 그것을 돌파하려 했을까 요? 롱샹Ronchamp 성당 같은 건물도 만들었잖아요. 아니면 그 런 의식이 전혀 없었던 걸까요?

스즈키   의식이 없었던 게 아닐까요? 그의 입장에서 볼 때 가 능성이란 이차원 평면에서 시작해 모든 걸 해낼 수 있다는 느 낌이겠지요.

니시자와   그 뒤에 등장했던 테라나나 오스카르 니에메예르 Oscar Niemeyer 같은 건축가는 입체적인 건축을 했고 평면을 초 월하는 느낌이라서 재밌네요.

스즈키   테라니도 니에메예르도 르코르뷔지에를 존경하고 있겠지요. 그런 그들의 손에서 르코르뷔지에와 다른 작품이 나왔다는 점이 재밌네요.

콜하스라는 존재

니시자와   우리 시대에서 르코르뷔지에를 이해하는 또 하나의 건축가로서 렘 콜하스를 들 수 있을 겁니다. 콜하스가 등장할 당시 그의 행동을 본 많은 젊은이들은 르코르뷔지에와 가까운 무언가를 느꼈습니다.

스즈키 그랬군요! 제가 콜하스에 대해 처음 들은 이야기는 미국에 이상하고 재미난 사람이 있고 그의 제자들이 꽤 배출되었다는 소문이었어요. 자하 하디드Zaha Hadid라든가 아키텍토니카Arquitectonica 같은 이름들이요. 제자들은 유명한데 그 흑막이 보이지 않았어요. '그 이상한 사람, 아무래도 네덜란드인 같은데'가 첫인상이었습니다. 게다가 그는 처음에 미스 같은 느낌이었어요. 미스의 바르셀로나 파빌리온을 활처럼 굽힌 듯한 작품을 만들었거든요.

니시자와 확실히 미스의 흉내를 냈지만 그렇게 할 정도로 상당히 지적인 상대화相對化를 하지 않았나 하는 생각이 듭니다. 콜하스의 태도, 전략에는 오히려 르코르뷔지에에 대한 동경이 있지 않았을까요? 건축 스타일의 유사성이라기보다 인간으로서 사회 안에서 어떻게 반역할지라든가, 어떻게 문제를 만들어갈지 같은 뭔가 근본적이고 윤리적인 부분이 비슷합니다. 사회에 싸움을 거는 방식이랄까요. 예를 들면 르코르뷔지에의 '마천루는 아직 너무 낮아' 같은 말을 보면 콜하스에게서도 비슷한 부분을 느낍니다.

또 창작 활동에서도 당시의 콜하스는 다양한 건축 언어를 구사했어요. 그러한 부분이나 전람회, 책, 인테리어, 건축설계를 넘어 전체로 확대되는 광대한 건축 세계관을 보며 르코르뷔지에는 이런 느낌이 아니었을까 생각했습니다.

스즈키 알 것 같습니다. 콜하스에게도 확실히 쾌락적인 부분이 있어요.

니시자와 있습니다.

스즈키 그는 1990년 암스테르담 스테델레이크Stedelijk 미술관의 현대미술전에서 안젤름 키퍼Anselm Kiefer, 제니 홀저Jenny Holzer와 함께 파리의 도서관 프로젝트를 낸 적이 있는데, 그때 커다란 모형과 벽면 가득한 도면을 사용했습니다. 현대미술 속에서 전람회를 보는 것도 멋지더군요. 그런 점도 르코르뷔지에와 같아요.

니시자와 스타일을 바꾸려는 자세도 겹치는군요.

스즈키 최근의 콜하스는 이해하기 어려워요. 설명하기 어려운 곳에 가버렸어요.

니시자와 다만 르코르뷔지에는 더욱 관능적이라고 할까요? 콜하스의 건물은 장식이 이것저것 붙어 있지만 르코르뷔지에는 더욱 직접적인……

스즈키 더욱 야성적이지요.

니시자와 그런 부분은 다른 것 같지만, 당시의 콜하스에게 영향을 받은 대다수 사람들이 르코르뷔지에를 재발견했기 때

문에 콜하스라는 사람은 르코르뷔지에를 재평가할 때 중요한
인물입니다.

스즈키   그렇군요.

—   렘 콜하스를 통해 건축가로서의 르코르뷔지에 면모를 잘
알 수 있다는 말씀이신데, 그럼 건축은 어떤가요? 콜하스의 건
축에서 르코르뷔지에의 건축이 보인다고 말할 수 있을까요?

니시자와   잘은 모르겠지만 라 투레트에서는 모종의 영향을
받지 않았을까요? 하지만 역시 건축물보다는 오히려 그의 활
동 전체에 르코르뷔지에 같은 잡식적인 확대가 있겠지요. 또
본능적인 부분, 개인의 삶의 스타일이 중요한 근본이 되어 있
다고 봅니다.

스즈키   하나의 존재 방식이지요. 언젠가 콜하스와 하라주쿠
原宿를 걷고 있는데 그가 갑자기 자동차가 달리는 곳을 사선
으로 가로지르는 거예요. 그에게는 도회 속의 야만이랄까, 야
성의 감각이 있습니다. 스스로도 그렇게 말했지만 그런 부분
이 르코르뷔지에와 조금 닮았는지도 모르겠습니다. 야성의
자신을 보는 부분이요.

디테일리스(detailless)

스즈키   이것도 르코르뷔지에와 공통된 점일지 모르겠는데,

잡식적인 삶의 가능성만으로 과연 어디까지 갈 수 있는가 하는 점이 기대되는 동시에 궁금해집니다.

니시자와 그것만으로는 부족하지 않은가 싶은 부분이죠?

스즈키 그렇습니다. 그것만으로는 평가 기준이 되지 않는다는 점이지요. 저는 사물 자체에서 힘이 나온다고 생각해요. 그럴 때 디테일이 중요한 요소로 부각됩니다. 콜하스는 디테일이 다양하지만 그 질이 극단적으로 불규칙해서 이런 점이 그의 건축의 우열을 가르기도 한다고 보는데, 그 부분이 과연 존재감을 가지고 있는지 궁금합니다.

르코르뷔지에는 원래 디테일이 별로 없지요. 케네스 프램턴Kenneth Frampton의 책 『구조 문화 연구Studies in Tectonic Culture』에서도 르코르뷔지에에 관해서는 그다지 페이지를 할애하지 않았어요. 그걸 보면서 역시 그렇구나 싶었지요. 쓸 수가 없거든요. 확신해서 그랬는지 아닌지는 몰라도 그것이 르코르뷔지에가 르코르뷔지에인 부분이니까요. 콜하스는 그렇게 디테일이 없는 것은 아니기 때문에 다양하게 나옵니다.

니시자와 나오지요.

스즈키 거기서 존재력이 문제시됩니다. 그때 과연 콜하스는 어디까지 할 수 있는지. 가령 카를로 스카르파Carlo Scarpa는 강렬한 디테일을 가졌지요. 그래서 존재력을 가지고 있어요. 장 누벨Jean Nouvel의 케브랑리Quai Branly 박물관은 꽤 조잡하게 보이지만 힘 있는 디테일을 가지고 있기 때문에 건축이 존재력을 가지고 착지한 듯한 부분이 있어요.

니시자와 정말 그렇네요.

스즈키 그 부분이 누벨과 콜하스를 비교할 수 있는 대단히 재밌는 부분입니다. 디테일이 중요한 열쇠가 돼요. 반면 '르코르뷔지에에게 디테일이란 무엇인가?'라는 물음을 던진다면 전 아직 잘 대답할 수 없고 좋은 답변을 한 사람도 본 적이 없어요. 프램턴마저 패스한 이유는 뭔가가 있어서겠지요.

니시자와 확실히 디테일을 비교해보면 전혀 다릅니다.

스즈키 르코르뷔지에는 그야말로 디테일이 없다는 의미에서 디테일을 관철하는 부분이 있을지 모르겠습니다. 반대로 스카르파는 디테일밖에 없는 사람이지요. 하지만 관철하는 부분이 있어요.

니시자와 예리한 지적이네요. 디테일에 관해 말하는 것도 한 번 보고 '이렇다'고 말할 수 있는 개별적인 디테일이 있는가 하면, 여러 관점에서 건물을 둘러보거나 몇 채의 건물을 보고 난 뒤 얻은 체험 전체를 통해 '그 사람의 디테일은 이렇다'는 식으로 말하는 전체상이라 할 만한 것도 있습니다.

스즈키 확실히 있겠지요.

니시자와 콜하스도 스카르파도 하나하나 개별적인 조화가 어떻다고 하기보다는 전체가 그 사람의 세계관 자체의 디테일인 경우가 있습니다.

스즈키 그래서 커다란 의미에서 그때그때 조화를 이룬다면 디테일이라 평할 만한 게 없겠지요. 조화는 반드시 나타나기 때문에 하나의 세계관을 가지고 표현했다면 그 세계관이 분명하게 나타날 거예요.

니시자와 그걸 모두 느끼고 있군요. 르코르뷔지에는 어떨까요? 예를 들어 기둥도 대들보도 하얗게 칠하거나 라 투레트와 같이 원시적인 방법으로 만드는 것과 관계되는 걸까요?

스즈키 그런 마무리 방식을 뭐라 해야 좋을까요? 르코르뷔지에는 라 투레트에서 콘크리트를 박은 뒤 거기에 갑자기 유리를 끼우고 외벽의 콘크리트 패널에 작은 자갈을 넣었어요. 그것도 디테일이겠지요. 하지만 보통 우리가 말하는 디테일과는 분명 달라요. 우리 생각 속의 디테일이라는 것이 너무 자잘한 것이 된 건지도 모르겠습니다. 디테일은 세부적인 것이 아닌데 말이에요.

프러포션

— 르코르뷔지에는 글을 많이 썼는데 그중에서 특히 프러포션, 미, 하모니, 시, 플라스틱(조형)이라는 단어가 빈번하게 나옵니다. 르코르뷔지에 작품의 프러포션에 대해 어떻게 생

각하시는지요?

스즈키   지금 통용될지 어떨지는 모르지만 르코르뷔지에의 특징을 한 가지 말하자면, 그가 강하게 유토피아를 지향한다는 점입니다. 그래서 어떤 건물에든 아마도 하나의 세계관 같은 것이 있을 거예요. 반드시 전체상이 존재하지요. 즉, 단편을 서로 연결해서 나온 건물이 아닙니다. 반대로 스카르파에게는 디테일의 집적集積이 결과적으로 전체가 된 건물이 있어요. 르코르뷔지에는 그렇지 않고 항상 전체를 잡습니다. 그때 나오는 비율이 있겠지요. 따라서 유토피아를 지향하는 것과 그의 프러포션은 상호 연결되어 있지 않을까 싶네요.

―   그래서 하모니가 중요해지는군요.

스즈키   지금 말한 단어는 전부 유토피아 같은 단어로 들립니다. 그런데 니시자와 씨가 말한 '낙원'이나 '쾌락'은 옛날에는 유토피아에 포함된 단어였지만, 근대에 들어서는 아무래도 그런 문맥에서 나오지 않습니다. 그 부분이 달라요. 유토피아를 전제로 한 부분에서 나오는 단어는 더 이상 힘을 지니고 있지 않습니다.

니시자와   르코르뷔지에가 시詩라는 형식에 있는 어떤 초월성을 소중히 여긴 것은 틀림없습니다. 하모니도 매우 르코르뷔지에다운 단어예요. 균일화를 지향할 경우, 하모니는 그렇게 특별하다고 할 만한 게 아니지요. 하지만 앞서 말한 야성이라는 이야기와도 관련이 있는 부분인데, 다양성이나 야성에 직결된 하모니에는 일종의 위협 같은 것이 있어요.

스즈키 유토피아적인 부분에서는 나오지 않는 하모니군요.

니시자와 그렇지요. 르코르뷔지에는 자신의 집합 주택을 위니테라고 이름 붙였는데, 거기에는 통일감, 하모니적인 뉘앙스가 있기는 하지만 균일한 집합이 아니라 상당히 거친 집합이 이미지화되었다고 봅니다.

프러포션에 관해서라면 저는 그다지 르코르뷔지에에게 배우지 않아서 모르겠습니다.

스즈키 오히려 다른 작가에게 배우셨군요.

니시자와 앞서 스즈키 씨가 평면에 대해서 말씀하셨는데, 저도 그런 견해에 매우 공감했습니다. 물론 라 투레트 수도원의 예배당은 훌륭한 입체라고 생각하지만, 건물 전체를 보면 어떤 평면성이 느껴져요. 프러포션은 나중에 나타나는 것이라고 하면 좀 그렇겠군요.

스즈키 하지만 조금은 그렇지 않을까요? 그의 신체 비례는 매우 중요한 문제입니다. 그것을 사람들에게 잘 전달되는 모뒬로르Modulor라는 단어로 명명한 점은 대단해요. 그래서 프러포션에 대해 전부 체크된 것처럼 보이지만 실은 그렇지 않습니다. 다른 종류의 신체 비례도 있는데 그것을 모뒬로르라는 식으로 회수해버리면 조금⋯⋯.

니시자와 이해하기 어려워지지요.

스즈키 결국 사람들에게 잘 와 닿질 않아요. 쾌락성도 언어로 표현하기 어렵습니다. 가장 도면화하기 어렵고 도면도 굉장히 이성적인 작업이기 때문에 빨리 감각이 날아가 버려요. 이론화하면 더욱 날아가지요. 그런데 우리는 항상 도면과 이론을 말해왔어요. 아마도 '거기서 넘치는 부분을 어떻게 포착할 것인가?'를 지적해야 하겠지요.

— 어떻게 신체의 레벨로 가져올지에 대한 것을요?

스즈키 그렇지요. 신체의 레벨이라고 표현해도 좋을지 모르겠지만, 말로 표현할 수 없는 부분을 굳이 말로 해야 합니다. 건축에서는 도면이 그 역할을 하겠지만, 그것을 공통으로 표현할 수 있는 환경이 열리면 좋겠습니다. 롤랑 바르트Roland Barthes도 그것을 말하려고 한 게 아닐까요? 자신이 가장 좋아하는 것의 핵심을 절대로 표현하지 못한다는 의미로 말했지만 그래도 그는 여전히 텍스트의 쾌락을 말하려고 합니다. 건축가는 그것을 건축으로 증명하면 돼요. 사진으로 본 니시자와 씨의 HOUSE A에는 그런 느낌이 있었습니다.

상상력의 크기에 대해

이토 도요 씨와 야마모토 리켄 씨의 대담*을 읽었다.** 이 대담에 대한 글을 의뢰받았는데, 대담에서 논의된 몇몇 단어는 하나같이 굉장히 큰 의미를 지니고 있기 때문에 일일이 반응하다 보면 정리되지 않을 것 같다. 그래서 직접적인 이야기

----

* 「건축가의 사상(建築家の思想)」, ≪사상(思想)≫, 2011년 5월 호.

** 이토 도요(伊東豊雄)는 '이토 도요 건축설계사무소' 대표로서, 2013년 프리츠 커상을 수상했으며 그 밖에 일본 건축학회상 작품상 2회 수상, 베네치아 비엔날레 황금사자상 등을 수상했다. 도쿄 대학, 도호쿠 대학, 다마 미술대학, 고베 예술공과대학에서 객원교수를 역임했다. 세지마 가즈요와 니시자와 류에는 이토 도요 건축설계사무소에서 근무한 적이 있다.

야마모토 리켄(山本理顯)은 공학원 대학의 교수이자 요코하마 국립대학 대학원 교수를 거쳐 2011년부터 니혼 대학 대학원 특임교수로 있다. 일본건축학회상을 비롯해 다수의 건축 수상 경력이 있다. _옮긴이

를 대신해서 이 대담을 읽으며 무심히 떠오른, 작년에 우연히 방문한 건축물에 대해서 써보려고 한다. 그것은 뉴욕의 존 F. 케네디 공항의 여러 터미널 중, 트랜스월드Trans World 항공의 터미널로, 1950년대에 에로 사리넨Eero Saarinen, 1910~1961이 설계한 것이다. 나는 작년 말에 우연히 그곳을 방문할 기회를 얻었다. 이건 내 개인적인 경험이기 때문에 이토 씨와 야마모토 씨의 문맥에 직접적으로 연결되지 않을지도 모른다. 하지만 그 대담에서 크게 어긋나지 않은 무언가를 느꼈기 때문에 이에 대해 조금 써보고 싶다.

알다시피 트랜스월드 항공 터미널은 마치 보석같이 훌륭한 건축물이다. 여러 부분이 훌륭했지만 굳이 요약해보면 두 가지 점이 뛰어났다. 우선 첫 번째는 사리넨이 주변의 환경에 맞춰 주변과 연속되는 듯한 건축을 만들려고 했다는 게 전달된다는 점이다. 즉, 비행기에 타는 사람들의 고양감이나 주변의 교통계획까지 포함해서 터미널의 건축적 매력이 나타나는 것 같았다. 건물의 벽면은 매우 다이내믹하면서도 유기적으로 굴곡져 있고, 그 굴곡은 마찬가지로 곡선을 그리는 유려한 고속도로 차선과 함께 흐르는 듯이 실내로 흘러들어온다. 건축이 마치 도로의 새로운 부분이나 기관으로까지 보였다. 실내에 들어와 탑승하기까지 두랄루민재材의 신형 제트기나 유선형 자동차가 만들어내는 다이내믹한 유기적 교통 공간과 한없이 일체화되어 흐르는 듯한 운동이 느껴졌다. 그건 마치 건축의 형태가 없는 것 같았다. 환경이 건축화되었다고 말하면 좋을까? 매우 개성적인 건축이면서 환경을 향해 한없이 이어지는 연속성이 있었다. 건물 전체가 공간을 통해 미래에는 이런 환경이 필요하다고, 이런 새로운 교통수단을 이용해야 한다고, 이렇게 당당하게 이동해야 한다고, 앞으로의 인간은 이렇게 활동해야 한다고 소리 높여 말하는 것처럼 느껴졌다.

이 건축을 보고 놀란 또 한 가지는 사리넨이 건축설계뿐 아니라 가구나 잡화같이 이 터미널 안에서 이루어지는 인간 활동과 관련된 모든 사물을 매우 독창적인 형태로 설계했다는 점이다. 구두닦이를 할 때 쓰는 발을 올리는 단차까지 스스로 디자인한 것이 놀라웠다. 대부분의 가구, 잡화, 기기가 전부 비기성품으로 모두 사리넨에 의해 처음부터 오더메이드order made로 설계되었다. 커튼월의 멀리온mullion부터 문의 손잡이, 빗물받이, 헤어 커튼 같은 건축 부품은 물론, 시계, 화물 운송 벨트컨베이어의 튜브, 전광게시판, 구두닦이 부스……. 건축이건 쓰레기통이건 전부 사리넨에 의해 창조된 것을 보고 진심으로 감탄했다. 그리고 이 오더메이드 부품들은 모두 매우 유기적으로 서로 관계를 맺으면서 전체가 하나의 긴밀한 세계를 만들어내고 있었다. 건물 내부를 걸으며 그런 공간 체험을 하는 사이, 사리넨의 '이것이어야만 한다'는 신념이 강하게 전해져왔다. 동시에 항상 기성품을 적당히 모아 조립한 듯한 효율적인 설계를 해온 지금 우리의 스타일을 상기시켜 건축가로서 매우 반성하게 되었다. 인간의 사상을 나타내는 하나의 세계를 창조하기 위해서는 '이 정도까지는 해야 한다'는 말을 사리넨에게서 들은 것 같았다. 또 동시에 이런 건축이 가능했던 1950년대의 힘도 강하게 전해졌다. 건축물로서는 꽤 엉망인 부류에 들어가는 건축일 것 같지만 그래도 역시 사리넨은 훌륭하고 이 건물을 그에게 맡긴 사회도 훌륭하며, 클라이언트인 트랜스월드 항공 사람들도 상당히 대단하다는 생각이 들었다. 건축 부품을 전부 특별 주문해서 만드는 일은 고전 시대라면 몰라도 현대사회에서는 어디까지 가능할지 가늠할 수 없다. 이 건축물이 가진 에너지, 미래를 향해 전진하는 힘은 물론 사리넨의 커다란 재능에 의지하는 바가 가장 크겠지만, 동시에 대형 여객기로 새로운 교통 시대를 개척하려는 트랜스월드 항공 사람들의 야심이 없었다면 결코 실현될 수 없었을 것이다. 또 1950년대 미국, 뉴욕이라는 지역과 사회의 파워도 강하게 느껴졌다. 그런 다양한 것들이 사리넨의 넘치는 재능과 일체가 되어 훌륭한 건축으로 결실을 맺었다.

이런 식으로 봤을 때는 흥분되고 압도되었지만 그 후 냉정히 생각해보면 형태는 다소 달라도 이건 사리넨만이 아니라 라이트Frank Lloyd Wright가, 르코르뷔지에가, 미스가, 그 밖의 모두가 해온 일임을 새삼스레 상기하게 되었다. 역시 건축가는 건축물만 생각해서는 안 된다. 사리넨처럼 전구까지 디자인 하지는 않더라도, 가령 침실을 만들 경우 건축가의 작업은 공간을 만드는 것에서 끝나는 것이 아니라 당연히 거기에 어떤 창문이 있어야 할지, 어떤 침대와 조명과 독서대가 있으면 좋을지를 상상해야 한다. 주택을 설계한다면 어떤 아름다운 정원에 둘러싸여 지역과 어떤 관계를 가지면 좋을지, 그리고 그것이 세워진 지역은 어떤 곳이 되어야 하는지 등에 대한 독자적인 사고가 건축가에게 있어야 한다. 건축가는 건축물만이 아니라 인간의 삶과 관련된 모든 것에 대해서 커다란 세계를 구상할 수 있는 사상을 지녀야 한다. 르코르뷔지에의 생명감 넘치는 거친 주택이 그렇게 만들어졌고 라이트의 아름답고 다이내믹한 건축도 그렇다. 이번에 이 터미널 빌딩을 보면서 건축가는 설령 도시나 거리나 세계 같은 거대한 설계를 할 기회가 당장 없더라도, 작은 주택이나 침실 하나짜리 프로젝트 혹은 정원 설계뿐인 작업만 맡을지라도, 그 작은 것을 통해 세계가 어떻게 존재해야 더 근사해질지를 강하게 발신할 수 있는 상상력의 크기가 필요하다고 생각하게 되었다. 이 터미널 빌딩은 존 F. 케네디 공항 전체에서 보면 매우 작고 수많은 승강장 중 하나에 지나지 않는다. 그건 국제공항의 정말 일부에 지나지 않는 작은 집이라고 할 수 있다. 그러나 단순한 승강장을 넘어 그 위치를 초월하려는 큰 야심과 창조성이 느껴지고, 또 새로운 시대는 이래야 하고 새로운 인간은 이렇게 활동해야 한다는 사리넨의 미래 사상이 표현되어 있었다. 그것이 사리넨의 건축에 공감하는 트랜스월드 항공의 사람들, 뉴욕 거리의 에너지와 일체가 되어 지금 시대의 우리에게 직접적으로 전해진다.

사리넨의 건축을 방문해서 미국의 1950년대가 얼마나 훌륭했는지 체험할 수 있었다. 문제는 우리 시대에도 그런 굉장한 건축, 그리고 사회와 건축 사이의 근사한 관계가 존재할 수 있을까 하는 점이다. 우리 시대에서도 건물 하나만으로 시대의 풍요로움과 격렬함을 후세에 전달할 수 있는 그런 거대한 건축을 만들 수 있을까? 역사를 돌아보면 세기마다 그 시대를 살아간 인간의 삶을 노래하는 건축과 도시, 거리가 있었다. 그런 것들을 통해 우리는 인간이 어떻게 풍요로운 세계를 만들어왔는지를 보았다. 우리도 우리 시대의 인간의 삶이 가진 풍요로움을 그릴 수 있을까? 그것이 21세기라는 시대의 풍요로움을 정하는 중요한 요소 중 한 가지라고 생각한다.

베네치아 이야기

이탈리아라는 나라에서는 어디를 가도 훌륭한 거리와 건축을 볼 수 있다. 정말 도시와 건축의 왕국이다. 가능하면 관광만 하는 것이 아니라 직접 살거나 작업하거나 어떤 형태로든 관계를 맺고 싶은 장소이지만, 아쉽게도 현대건축 문화라는 것이 지금의 이탈리아에서는 그렇게 활발하게 이루어지지 않고 있다. 유럽의 다른 지역에서는 작업이 있어도 이탈리아에서는 별로 없는데, 건축가로서는 참 아쉬운 일이다. 얼마 전 세지마 씨가 베네치아 비엔날레 종합 디렉터를 맡고 나도 비엔날레를 도운 일이 있었는데, 우리로서는 극히 예외적인 일이었고 이탈리아의 도시와 건축을 오래 체험할 수 있었다는 의미에서도 매우 큰 경험이었다.

8월에 처음으로 베네치아에 가서 작은 아파트 방 하나를 빌렸다. 가게가 들어선 어떤 골목 한구석에 폐쇄적인 철창살 문이 있었고, 그 문을 열면 동네의 시끄러움과 동떨어진 조용하고 썰렁한 계단 홀이 나왔다. 내가 빌린 아파트는 그곳을 올라가면 나오는 꼭대기 층의 지붕 밑 방 같은 곳이었다. 작고 간소한 방이었는데, 샤워할 때 뜨거운 물이 나오지 않았지만 귀여운 테라스가 있어서 아침과 오후에는 근처 교회의 종소리가 들리는 훌륭한 방이었다. 유럽에서는 건축의 안과 밖에 큰 차이가 있다는 점이 항상 인상 깊었다. 거리는 활기가 넘치고 꽤 난잡했지만 실내는 어둡고 놀라울 정도로 조용했다. 겨울에는 바깥 기온이 영하로 내려가기 때문에 매우 추웠지만 실내는 몸 안쪽부터 따뜻하고 부드러웠다. 따뜻한 방에서 두꺼운 코트를 입고 밖에 나가면 차가운 공기가 기분 좋게 느껴졌다. 또 그 반대도 훌륭했다. 그런 대조되는 아름다움이 유럽 거리에 존재해서 생활에 윤택한 정취를 만들어냈다.

베네치아의 8월은 덥다. 습도가 높고 햇살도 강렬하다. 비엔날레는 자르디니 Giardini 공원과 아르세날레라는 두 장소에서 개최되었는데, 서로 꽤 떨어져 있고 비엔날레 사무국도 매우 떨어진 곳에 있었기 때문에 베네치아의 두꺼운 돌로 포장된 길을 하루에도 몇 번이나 걸어서 왕복해야 했다. 끝없이 계속 걷기를 일주일, 결국 오른쪽 발뒤꿈치가 까져버렸다. 너무 딱딱한 노면 때문에 무릎을 다쳐 병원에 간 출전 작가도 있다고 한다. 베네치아에 있으면 파리의 노면은 부드럽다는 것을 느낀다. 파리는 자동차가 시내를 달리기 때문인지, 노면 대부분이 아스팔트로 되어 있다. 돌로 된 부분도 있지만 자잘한 포석이 깔린 바닥이다. 그러나 베네치아의 노면은 다다미 같은 거대한 자연석이 쫙 깔려 있고 기가 막힐 정도로 두껍고 무정할 정도로 딱딱하다.

그래도 베네치아는 많은 사람들이 찬미하듯이 아름다운 곳이다. 오래 머물러도 질리지 않는 매력이 있다. 커다란 운하가 있고, 아름다운 태양이 있으며 건축은 당당하고 자랑스럽다. 수면의 반짝임과 오렌지색 지붕의 조화도 매우 아름답다. 거기에 곤돌라가 왕래하고 거대한 호화 여객선이 좁은 베네치아에 밀려오는 모습 전부가 베네치아를 나타낸다. 태양이나 바다 전부가 베네치아 전용으로 만들어졌다고 느껴질 정도로 축복받은 도시다. 어느 날 저녁, 베네치아 밖으로 나갔다가 돌아오니 보트가 노을빛으로 물든 운하를 미끄러지듯 오가고 있었다. 그것은 마치 미래의 공중 도시를 보는 것 같았다. 자동차가 없다는 것만으로도 전혀 다른 광경이 된다.

베네치아에 있으면 도시와 건축이 사람들의 생활에서 얼마나 소중한지 통감하게 된다. 건축이나 광장뿐만 아니라 아름다운 골목과 활기 넘치는 시장, 귀여운 카페, 오래된 다리 같은 모든 것에 의해서 그 지역만의 매력이 만들어진다. 도시가 사람들이 살아가기 위해 필요한 곳임을 이탈리아의 도시는 매우 아름다운 형태로 말한다. 베네치아는 그중에서도 뛰어나게 독특한 형태로 도시 생활의 훌륭함을 말하는 도시다. 물론 차가 없어서 불편하고, 미로 같은 골목도 복잡하고, 많이 걸으면 발뒤꿈치가 벗겨진다. 하지만 그런 모든 부자유가 생활의 풍요로움이 되고 강렬한 추억으로 남는 놀라운 일이 베네치아에서 일어난다. 도시의 거대한 개성이 거주하는 사람들의 생활을 풍요롭게 하는 하나의 훌륭한 예다.

우리는 비엔날레 준비로 이곳저곳을 돌아다녔고, 그럭저럭 약 1개월의 준비 작업을 거쳐 8월 28일 아침, 정식으로 행사를 공개했다. 자르디니 공원의 숲 속에 가설 텐트가 세워지고 개회식에 수많은 사람들이 모이면서 열기를 띠었다.

개회식 종료까지 정말 멋진 날씨가 이어졌다. 그런데 식이 끝남과 거의 동시에 갑자기 비구름이 몰리며 비가 마구 쏟아지더니 순식간에 폭풍이 몰아쳤다. 지금까지 계속 베네치아에 있었지만 이런 날씨는 처음이었다. 바람이 휘몰아쳐서 단번에 기온이 내려가 추워지고 모두 흠뻑 젖어버렸다. 나와 세지마 씨는 센터 파빌리온 안으로 피했기 때문에 몰랐지만, 해안에서는 서로 수상 택시를 쟁탈하려고 해서 삼엄한 분위기였다고 한다.

그러나 이 폭풍우는 그리 오래 지속되지 않았고 한두 시간 정도 후에는 다시 활짝 갠 저녁 하늘에 멋진 무지개가 걸렸다. 마치 비엔날레의 개최를 축하하는 듯한 크고 아름다운 무지개였다. 조금 전까지의 더위는 대체 어디로 간 건지, 매우 서늘하고 아름다운 황혼으로 물들었다. 베네치아의 친구가 말하길, 베네치아에서는 항상 이런 식으로 여름이 끝난다고 한다. 확실히 바람은 서늘하고 하늘은 높아 벌써 가을이 되어 있었다. 다음 날도 기분 좋은 가을의 쾌청한 날씨였다. 친구들은 모두 아침 비행기로 귀국해버렸다. 공원도 평소의 고요함을 되찾았다. 개회식과 함께 찾아온 지독한 폭풍우는 자르디니의 여러 가지 쓰레기나 사람들의 열광을 씻어버리고 그 대신 상쾌한 가을을 베네치아에 가져왔다.

브라질의 추억

1. 상파울루

브라질은 멋진 나라다. 아직 세 번밖에 가본 적이 없기 때문에 브라질에 대해 잘 안다고는 할 수 없지만 적은 경험에서 보면 브라질이라는 나라는 스케일이 크고, 사람들은 관대하며 음식이 맛있고, 기후는 1년 내내 지내기 편하며, 축구를 잘하고 보사노바와 삼바가 있는 나라다. 지금까지 여행한 나라 중에서도 특별히 기억에 남는 나라였다. 이동하려면 우선 뉴욕 존 F. 케네디 공항이나 애틀랜타까지 가서 환승한 뒤 다시 상파울루까지 수 시간을 가야 한다. 어느 도시를 경유하건 24시간 이상 걸리는 긴 여행이다. 시차는 12시간. 일본에서 보면 그야말로 지구 반대편에 있는 나라다.

브라질의 첫인상을 장식한 것은 다양한 인종이었다. 브라질에는 백인은 물론 흑인이나 황인, 검붉은 사람 등 다양한 피부색과 다양한 체형의 인간이 있다. 상파울루와 비교하면 뉴욕은 백인 사회로 보일 정도다. 또 거리는 어디나 매우 혼잡했다. 택시를 한 번 탈 때마다 40~50분은 걸릴 각오를 해야 할 정도로 교통 상황이 좋지 않았다. 그러나 사람들은 밝고 상냥하고 즐거워 보였다. 길이 막혀 멍하니 밖을 보니 검게 그을린 피부의 남자아이가 필사적으로 달려와 유리창에 딱 붙어 잡동사니를 팔기 위해 창을 두드렸다. 자동차가 움직이면 날다람쥐처럼 확 떨어져서 중앙분리대의 가드레일에 친구들과 앉아서 발을 흔들며 다시 먹잇감을 찾았다. 꽤 느긋해 보이지만 제 나름대로 전력을 다해 자동차에 달려드는 소년에게서 상쾌함을 느꼈다.

상파울루에서 본 이비라푸에라Ibirapuera 공원의 지붕은 근사했다. 나는 개인적으로 수도 브라질리아에서 오스카르 니에메예르가 만든 청사 건물보다 이비라푸에라 공원의 지붕을 좋아한다. 옥상 면적 전체가 3만 2000제곱미터라는 기가 막히게 큰 지붕이다. 그러나 그 거대함에는 단순히 제곱미터의 크기가 아닌, 뭔가 도량의 크기라고 할 수 있을 것 같은 박력이 느껴진다. 활짝 열려 있고 자신감에 차 있다. 몇만 제곱미터나 되는 크기여서 콘크리트 골조의 여기저기에 균열이 생겨 부서지거나 비가 새거나 한다. 큰소리로 말하기는 어렵지만 디자인상 의문스러운 부분도 없진 않다. 특히 공원 입구 부분은 굵은 꺾쇠로 단단하게 만들어져 매우 답답해 보였다. 그렇지만 지붕은 푸른 공원 속으로 들어갈수록 점점 커지고 침착하게 그 높이를 높여갔다. 디자인이나 균열은 사소한 일이라고 말하듯이 무거운 콘크리트가 점점 다이내믹하게 변하며 마치 비행기 날개처럼 느긋하게 수풀과 호수를 끌어들이면서 커브를 그렸다. 사람들은 지붕 아래나 수풀 속에서 유유자적하게 쉬고 있었다. 데이트를 하는 사람들, 가로질러 가는 유치원 어린이들, 다양한 사람들이 다양한 방법으로 휴식 장소를 즐기고 있었다. 치안이 나쁜 상파울루에서 이곳은 사람들이 안심하고 지낼 수 있는 몇 안 되는 장소라고 한다. 정글과 같은 수풀과 거대한 지붕, 이 느긋한 공공 공간은 일본에서는 좀처럼 볼 수 없는 종류의 공원이었다.

오스카르 니에메예르의 몇 가지 건축은 정말 멋있다. 라틴의 혼이라고 할까, 혹은 가톨릭 정신이라고 해야 할까(오스카르는 무교이다). 기본적으로 항상 폼을 잡고 있기 때문에 모양에만 눈이 가는 경우도 많다. 하지만 이 지붕은 모양보다 마음속에서 느긋한 모양으로 열린다.

참고로 바로 옆에는 오스카르가 최근에 세운 극장이 있다. 찐빵같이 생긴 특이한 건물인데 안에 들어가 보니 인디오풍의 의상을 입은 밴드가 그날 밤 콘서트의 리허설을 하고 있었다. 이 극장에는 특수한 장치가 있어서 무대의 현수막이 자동 개폐되었다. 밴드 연습 중에 극장 관계자가 현수막을 열자 극장 밖의 아름다운 나무와 잔디가 금세 무대 뒤로 보이기 시작하고 바람이 들어와 야외무대가 되었다. 일본에서 이런 극장을 만들려고 한다면 공기조절이니 보안이니 하면서 여러 가지 불만을 잔뜩 들을 것 같다. 아마 밴드도 리허설 중에 갑자기 뒤를 열면 싫을 것이다. 그러나 무대 위의 삼바 밴드는 오히려 연주 중에 웅대한 숲이 나타나 바람이 불어온 것에 흥분하며 즐겁게 북을 치고 점점 흥이 올라 열정적인 리허설을 만들어냈다. 뜨겁고 흥겨운 삼바 무대의 저편에는 황혼 아래 잔디에서 한가로이 쉬는 커플들이 보였다. 브라질의 쾌활함과 따뜻함이 느껴지는 한 장면이었다.

이비라푸에라 공원 낮고 커다랗게 굴곡진 지붕. 오스카르 니에메예르가 가진 재능의 크기가 느껴진다.

이비라푸에라 공원 지붕 아래도 공원이라 아이들 노는 장소나 통학로로 쓰인다. 카페도 있다.

2. 아마존으로의 여행

아마존에 가기 위해서는 우선 마나우스Manaus까지 가야 한다. 마나우스는 정글 한가운데 만들어진 도시로, 영화 〈피츠카랄도Fitzcarraldo〉에서 정글 안쪽에 유럽의 오페라하우스를 지으려 했던 이야기의 모델이라고도 불리는 도시다. 그리고 열대우림에 들어가기 위해서는 이 마나우스에서 차와 배로 두세 시간을 더 가야 한다. 마나우스도 멀었지만 아마존은 더욱 멀었다. 아마존을 목표로 하는 많은 사람들이 그 도정 때문에 브라질의 거대함에 새삼 놀라는 것이 아닐까? 아마존에는 아직 문명을 받아들이지 않은 사람들이 있다고 한다. 그들은 브라질 정부가 지정한 거주지에서 보호를 받으며 사는 사람들이 아니라 예전부터 계속 대자연 속에서 살아가는, 아직 현대 문명과 만난 적이 없는 사람들이다. 당연한 이야기지만 자신들이 브라질이라는 정치 구획 속에 있다고 느끼지 못하는 사람들이다. 근대국가 속에 그런 사람들이 남아 있다니, 브라질이라는 나라의 거대한 크기에 다시 한 번 놀라게 된다.

마나우스 시내에서 지프 같은 차를 타고 덜컹이는 수렁 길을 잠시 달리면, 주변이 점점 정글처럼 변하면서 눈앞에 아마존 강의 항구가 나타난다. 항구라고는 해도 한 번도 호안공사를 한 적이 없는 자연 그대로의 모래사장이다. 그곳에 보트 몇 척이 정박되어 있어서 모두 함께 보트를 밀어 강으로 나가면 된다. 그러나 큰 보트를 탈 경우에는 바지선을 한두 척 갈아탄 뒤 승선한다. 우리도 그렇게 승선하고 다시 한 시간 정도 강을 올라갔다. 승객은 우리 세 명과 옆에 서양인 세 명, 그리고 운전수였다.

여름이 아닌데도 찌는 듯한 더위 탓에 보트 지붕의 차양이 고맙게 느껴졌다. 주변은 깊고 거대한 녹색의 정글과 흙탕물 강, 푸른 하늘뿐이었고 강을 거슬러가는 디젤 엔진의 소리가 아마존의 정적 속에서 울려 퍼져서 마치 코폴라의 〈지옥의 묵시록Apocalypse Now〉에서 본 캄보디아의 풍경 같았다. 잠시 후 경비소와 같은 바지선이 보였다. 맨몸의 남자가 라이플총을 안고 낮잠을 자고 있었다. 그의 라디오에서 팝송이 흘러나왔지만 음질은 상당히 나빴다.

강을 더욱 거슬러 올라가니 멀리 약간의 사막이 보이고 부교가 있었는데 우리는 그곳에서 내렸다. 그곳은 우리가 예약한 호텔로, 작은 방갈로풍의 판잣집이 정글 속에 뿔뿔이 세워져 있었다. 강과 가장 가까운 반옥외의 오두막이 접수처였고 그 주변에는 라운지 같은 오두막이, 더욱 안쪽에는 객실 코티지cottage가 몇 개 놓여 있는 것 같았다. 그렇게 깨끗한 오두막은 아니었지만 통풍이 잘되어서 기분이 좋았다. 하지만 습도는 높았다. 라운지 소파에 느긋하게 앉아 강을 보고 있는데

극채색의 거대한 잉꼬가 꺄악 하고 소리 지르며 날아와 테이블에 앉았다. 굉장한 모습이었다.

그런데 아마존 강이라고 일반적으로 부르는 그 강은 실제로 두 곳이 있다고 한다. 하얀 강과 검은 강이다. 하얀 강은 물이 하얘서 그렇게 불린다. 내가 간 곳은 검은 강으로, 실제로 검다기보다는 진한 갈색을 띤 강이었다. 사막이 이상하게 하얘서 그 짙은 갈색의 강물이 매우 아름답게 보였다. 홍차처럼 깊이 있는 투명함을 가지고 있었다. 일설에 의하면 물속의 식물이 녹으면서 생긴 수액이 강을 갈색으로 물들였고 그 수액의 성분이 말라리아의 발생을 억제한다고 한다.

두 개의 아마존은 마나우스 부근에서 합류한다. 신기한 점은 하얀 강과 검은 강의 두 가지 색이 서로 만나도 섞이지 않는다는 점이다. 하얀 물과 검은 물이 섞이지 않고 흑백의 깔끔한 경계선을 만들며 그대로 몇 킬로미터 하류까지 흘러갔다. 똑바로 뻗은 경계선이 매우 인상적이었지만 어느 지점에서 갑자기 두 색이 섞였다. 지금까지의 경계선이 마치 없었던 일인 것처럼 갑자기 사라지며 부드럽게 섞이는 모습이 아무리 봐도 신기했다. 왜 섞이지 않는지 현지인들에게 물어봤지만 모두 아는 듯 모르는 듯한 답변뿐이었다. 가장 많은 의견은 산성도가 달라 섞이지 않는다는 이야기였다.

작은 카누로 아마존 강에 나가보면 새삼 아마존 강의 거대함에 놀라게 된다. 아마존은 크다. 또 다양한 생물로 가득하다. 게다가 목청도 드높다. 거대한 열대우림 속에 작은 곤충부터 거대한 짐승까지 다양한 울음소리가 겹쳐져 울려 퍼진다. 정말 생명의 도가니였다. 다양한 종류의 수목이 경쟁하듯 자라나 있었고 수목이 강바닥을 뚫고 자란 모습도 굉장했다. 강바닥에서 올라와 수면을 뚫고 하늘 높이 솟은 거목들로 인해 육지와 가까운 수면이 거의 덮여 있었다. 들리는 바에 의하면 이 일대는 우기와 건기의 수위가 몇 미터나 다르다고 한다. 그래서 건기가 되면 강의 폭이 더욱 좁아지고, 반대로 우기가 한창일 때는 지금의 배 정도의 강폭이 된다고 한다. 그런 의미에서 보면 아마존 강은 강이라기보다 골짜기가 수몰된 상태라고 하는 편이 가까울지 모르겠다.

마리오라는 현지 가이드가 카누 앞에 서서 먼 곳을 바라봤다. 그러다 가끔 날카롭게 눈매를 바꾸며 '저쪽에 뭔가 동물이 있다!'며 손으로 가리켰다. 일단 가이드 역을 맡았으니 열대우림의 재미를 말할 필요가 있었던 것이리라. 그러나 우리에게는 아무것도 보이지 않았다. 많은 종류의 녹색, 가지각색의 수목, 수많은 잎과 가지가 끝없이 겹쳐져 있을 뿐, 어디가 잎이고 어디가 동물인지 우리에게는 보이지 않았다. 원숭이건 도마뱀이건 나무와 기가 막히게 비슷했다.

마리오가 비가 온다고 말한 지 몇 분이 지나자 스콜이 내렸다. 마치 양동이를 뒤집어 뿌리는 듯한 호우였다. 방금 전까지 들렸던 동물들의 대합창이 전혀 들리지 않을 정도로 굉음이 났고, 점점 카누에 물이 차서 이대로 수몰되어 피라냐의 먹이가 될 것만 같았다. 모두 허둥대며 배 안의 물을 퍼내며 카누를 저어 강기슭으로 향했다. 강기슭에는 식물이 엄청나게 자라 있었기 때문에 육지에 올라갈 수도 없었다(그보다 육지는 무섭고 깊고 어두워서 아무도 상륙하고 싶어 하지 않는 것 같았다). 그러나 강기슭 가까운 곳의 수면에는 강바닥에서부터 자라난 거목의 커다란 잎과 가지로 하늘이 가려진 어둡고 신비로운 공간이 만들어졌는데, 비를 피하기에는 절호의 장소였다. 그래서인지 스콜도 강기슭에서는 그리 심하지 않았다. 거목 덕분에 물을 퍼내는 스피드가 강수량을 상회하게 되어 다행이었다. 일행은 한숨을 놓고 나뭇가지를 양손으로 밀어젖히며 강기슭을 유유히 나아갔다. 암흑 같은 숲 속에 떠 있는 카누 안에서 아래를 내려다보니 검은 거목이 검은 물속으로 깊게 사라져갔다. 마치 하늘에 떠 있는 배처럼 우리가 탄 카누는 천천히 나아갔다. 비가 거목을 타고 강으로 떨어지며 물보라를 일으켰고 거대한 잎이 위에서 샤워하듯 내려왔다. 수많은 생물이, 새와 원숭이와 곤충이 계속해서 나무 사이를 이동해가는 모습이 정말 인상적이었다. 참고로 나중에 들은 이야기로는 강에 떨어진 정도로는 피라냐에게 먹히지 않는다고 한다. 출혈이 없다면 괜찮다는 것이다. 다음 날 아침 강변에 나가 보니 독일인 커플이 강에서 수영을 하고 있었다.

다음 날 마나우스 시내를 어슬렁어슬렁 돌아다니다가 기념품 가게에서 판매하는 피라냐의 미라를 보고 그 무서운 얼굴에 충격을 받았다. 입이 으아 하고 크게 열려 있고 눈도 크고 동그래서 끔찍했다. 잠시 이 미라를 기념으로 사갈까 하는 생각이 들었지만, 이런 걸 가지고 다니면 저주받을 것 같은 기분이 들어 관뒀다.

아마존 강의 풍경 숲의 골짜기가 수몰되어 큰 강이 되었다. 어선이나 운송선이 왕래했다.

강에 떠 있는 경비소 벽이 없고 반이 야외인 정자로, 거무스름한 남자가 한 손에 총을 들고 낮잠을 자고 있었다.

아마존 강가 강물은 홍차 같은 갈색으로 매우 깨끗하다.

나무가 마치 강으로 나아가듯 자라 있었다.

우리가 숙박한 호텔 선착장.

아마존 강의 비행장 활주로가 없기 때문에 수면을 이용해 이착륙한다.

호텔 레스토랑도 벽이 없어서 매우 편안했다. 극채색의 잉꼬를 풀어 키우고 있었다.

검은 강과 하얀 강이 만난다. 갈색과 흰색이 아름답게 나뉘어 있다. 오른쪽에 보이는 하얀
것은 여객선이다.

검은 강과 하얀 강의 경계가 점점 허물어져 하나로 섞이는 상태가 된다.

강기슭 근처에는 나무들이 강바닥에서 올라와 수면을 뚫고 하늘 높이 치솟아 있다.

어두운 강기슭 주변에는 피라냐나 앨리게이터가 서식한다고 한다.

프로펠러기에서 아마존 강을 바라본 모습이다. 강이라기보다 숲이 수몰된 느낌이다.

마찬가지로 프로펠러기에서 바라본 모습이다. 몇 개의 지류가 뻗어 있다.

3. 리나 보 바르디와 글라스 하우스

리나 보 바르디Lina Bo Bardi는 1914년 로마에서 태어나 그곳에서 공부한 뒤 밀라노의 지오 폰티Gio Ponti 사무소에서 일했다. 그 후 작은 잡지를 내거나 ≪도무스Domus≫의 편집장을 거쳐 제2차 세계대전이 끝난 이듬해에 남편 피에트로 마리아 바르디Pietro Maria Bardi와 브라질로 건너가 그와 함께 여생을 보냈다. 리나는 상파울루에서 민둥산 같은 약간 높은 언덕을 하나 사고, 그 정상에 글라스 하우스라고 불리는 공중 주택을 세워서 그곳을 인생의 마지막 거처로 삼았다. 그녀는 건축뿐만 아니라 경관을 꾸며보고 싶었기 때문에 민둥산을 샀다고 한다. 실제로 그녀는 언덕 전체에 다양한 나무를 심었는데, 그 나무들은 브라질의 풍부한 햇빛과 비를 받으며 힘차게 자라 수십 년이 지난 지금은 건물을 거의 덮을 정도의 거대한 정글이 되었다. 브라질다운 야생과 생명력이 넘치는 훌륭한 녹음이었다. 공중에 떠 있는 그녀의 집은 네 면이 유리이기 때문에 안에 있으면 브라질의 싱그러운 수목에 둘러싸여 마치 나무 위에 있는 듯한, 정글 한가운데에 떠 있는 듯한 기분이 든다.

이 집은 리나라는 여성의 자유로움과 비전문가의 자유분방함을 도처에서 느낄 수 있는 곳이다. 현대적이며 브라질스럽게 싱그럽고 즐거운 집과 정원이 만들어졌다. 집도, 가구도, 경관도, 미술 컬렉션도 그녀가 좋아했던 것들로 이루어져 있다. 또 그녀가 태어난 고향인 이탈리아의 건축 문화도 짙게 남아 있다. 바닥은 아름다운 모자이크 타일로 장식되었고, 기둥은 초록색으로 칠해져 있었다. 건물을 둘러싼 강철 새시도 고전적인 프러포션을 가지고 이탈리아의 합리주의를 연상케 하는 아름다움을 지니고 있었다. 리나가 얼마나 이탈리아와 브라질 양국의 문화로부터 영향을 받았는지 잘 전해져오는 집이다. 상파울루에 와서 이따금 그녀의 이름을 들었다. 모두의 추억에 남은 여성이었던 것 같다. 이 글라스 하우스도 리나를 따르던 사람들에 의해 관리 · 운영되고 있었다. 그녀는 이 글라스 하우스에서 오랫동안 살다가 병에 걸려 1992년 이곳에서 인생의 막을 내렸다. 안내하는 여성이 데려간 1층의 필로티 공간에는 벽이 있었는데 그 벽이 그녀의 묘비였다. 그녀는 피에트로와 함께 이곳에 매장되어 있다고 한다. 이 글라스 하우스는 그녀의 인생 자체였을 뿐 아니라 그녀의 무덤이기도 했다.

리나의 글라스 하우스

4. 오스카르 니에메예르

오스카르 니에메예르가 설계한 건축물은 실제 지어진 것만
도 2000개 이상이라고 한다. 리우데자네이루의 친구가 말하
길, 오스카르는 굉장히 열심히 일한 사람이라고 한다. 그렇다
해도 2000은 굉장한 숫자다. 프랭크 로이드 라이트를 웃돌지
않을까? 실제로 브라질리아, 상파울루, 리우데자네이루를 돌
며 오스카르의 건축물을 정말 많이 봤다. 극단적인 표현을 쓰
자면 리우 여기저기에 굴러다닌다고 할 수 있을 정도로 많이
세워져 있다. 시가지에, 해안가에, 황량한 개발지의 황야에
홀연히 세워져 있다.

오스카르의 건축은 하나하나를 떼놓고 이러쿵저러쿵 평가
할 때보다 리우나 브라질리아, 상파울루 같은 곳에서 그가 세
운 건축물을 한 무리로 볼 때 일종의 감동을 느끼게 된다. 모
든 건축이 대담하다. 물론 실패작도 있다. 그러나 그런 실패
나 성공을 넘어 커다란 무언가를 나타내고 있는 느낌이다. 그
건축군群에서는 더욱 커다란 사고를 하라는 말이 들리는 듯
했다. 그는 청사를 만들고, 학교를 만들고, 텔레비전 탑을 만
들고, 교회를 만들고, 도로를 만들고, 극장을 만들고, 탁아소
를 만들고, 미술관을 만들고, 집합 주택을 만들고, 공원을 만
들었다. 요컨대 거의 전부를 만들었다. 이건 상당히 정치적인

일이다. 그는 군사정권을 싫어해서 망명도 했다. 그래서 모두에게 존경을 받았다. 반면 그는 공산주의자이면서도 아름다운 개인 별장을 소유하고 코파카바나Copacabana 해변에 면한 고급 아파트 최상층에 사무소를 지었으며, 오랫동안 국가 프로젝트의 대부분을 설계하는 특권을 누렸다. 또 무종교자이면서도 성당을 설계하는 모순 넘치는 삶을 살아 이를 비난하는 사람도 있었다. 아마 어쩔 수 없이 엄격한 정치적 입장을 갖게 되었을 것이고, 그의 인생도 그렇게 즐겁지만은 않았을 것이다. 그러나 그의 커다란 건축 스케일과 개방성은 브라질이라는 광대한 국토에서 풍족한 기회를 얻어 느긋하게 꽃을 피웠고, 이렇게 탄생한 그의 건축은 브라질 사람들에게 용기를 주었다. 그에게는 그만큼의 운과 정열과 풍부한 재능이 있었던 것이다.

내가 본 오스카르의 건축 중에서 조금 분위기가 다르다고 느낀 하나는, 그가 젊은 시절 자기 자신을 위해 지은 카노아스 하우스Canoas House라고 불리는 집이다. 리우의 이파네마 Ipanema 해변 앞에는 세계 최대의 파벨라favela(불법 점거된 빈민촌)가 마치 산처럼 펼쳐져 있고, 그 파벨라 앞에는 더 깊고 어두운 골짜기가 있다. 그 골짜기 속에 카노아스 하우스가 세워져 있다. 나에게는 지금까지 보아온 오스카르의 여러 건축 중에서 이 주택이 가장 인상 깊었다. 하지만 개방적인 다른 작품과 달리 조금 이질적인 건물인 것은 확실하다. 어두운 골짜기에 세워졌기 때문이기도 하지만, 사적인 주택이라 그런지 뭔가 깊은 어둠을 안고 있다. 확실히 표면적인 디자인 면에서는 그의 다른 작품과 마찬가지로 향락적으로 보이지만 그래도 어딘가 심각했다. 깊은 골짜기에 조용히 세워져 골짜기 밑의 여울이 흐르는 저편에 이파네마의 아름다운 해변이 마치 환상처럼 빛난다. 이 사람은 상당히 비관적인 사람임에 틀림없을 거라는 생각이 들었다. 이 주택을 만들 당시 30대라는 젊은 나이였음에도 불구하고 마치 뭔가 꿈이 부서진 듯한 심각함이 느껴지는 집이었다.

브라질이라는 나라의 밝고 행복한 모습에 대해서는 더 말할 필요도 없겠지만, 한편으로는 라틴 아메리카 특유의 어둠도 없지 않다. 빈곤 문제가 있고 범죄가 있다. 치안도 좋지 않다. 인구의 30퍼센트가 파벨라 거주자라는 소문도 있다. 내가 방문한 파벨라는 마치 벌집 같은 무서운 총격전의 흔적이 벽의 이곳저곳에 선명하게 남아 있었다. 내가 알고 있는 몇 안 되는 브라질 유명인들, 예를 들어 주앙 지우베르투João Gilberto 나 아일톤 세나Ayrton Senna 같은 사람들은 표현하기 어려운 어둠을 띄고 있다. 축구 감독 지코Zico도 위대한 사람이지만 밝은 느낌은 아니다. 브라질도 의외로 어두운 부분이 있다는 생각이 들어 몇 명의 브라질 친구들에게 물어보니 '그건 새로운 견해인데. 확실히 세나도 지코도 오스카르도 행복한 느낌은 아니야. 하지만 역시 그런 사람은 소수파고, 일반적으로 보면 브라질인은 모두 행복한 느낌이 들어'라는 의견이 많았다. 역시 행복한 나라라고 한다.

오스카르는 모든 사람에게 열려 있어서 누구나 만날 수 있다고 한다. 처음에는 믿기지 않았지만 정말이었다. 오스카르의 사무소는 코파카바나 해변에 면한 아파트의 최상층에 있다. 곡선의 창문 너머로 보이는 해변 경치는 훌륭했다. 현관 로비는 강의실처럼 되어 의자가 쫙 놓여 있고 칠판과 연단이 있었다. 여기서 오스카르는 젊은이들에게 강의를 했다고 한다. 칠판에 종이가 붙어 있었다. 종이에는 수평선까지 뻗어가는 듯한 오스카르의 스케치가 그려져 있었다. 그가 그린 선은 위태롭게 수평적으로 뻗어나갔는데 종이보다 큰 그림을 그리려고 했는지 종이를 몇 장 덧대어서 이어놓은 상태였다. 마지막은 종이가 칠판에서 캔틸레버까지 뻗어나갔는데 그래도 오스카르의 수평선은 계속되고 있었다. 놀라운 스케치였다.

비서가 상냥한 얼굴로 안으로 불러주어서 뒤를 따라가 보니 책장으로 둘러싸인 작은 서재의 한쪽 구석에 파묻힐 듯이 오스카르가 앉아 있었다. 오늘은 컨디션이 좋아 눈이 보인다고 한다. 서재에는 다양한 책이 비좁게 쌓여 있고, 오스카르가 앉는 책상 앞에는 자신의 스케치와 친구의 수첩과 함께 코파카바나 해변에서 쉬고 있는 여성의 누드 사진과 루시오 코스타Lucio Costa의 사진 두 장이 압정으로 고정되어 있었다.

오스카르는 포르투갈어와 프랑스어로만 대화하기 때문에 인터뷰는 통역을 끼고 했다. 오스카르가 말하면 우리 친구인 브라질인이 그것을 통역하는 형태였다. 인터뷰였지만 실제로는 거의 그의 강의라고 하는 편이 좋을 내용이었다. 그 정도로 오스카르는 계속 이야기했다. 끝없이 강하게 자신의 사상을 말했다. 마치 광장이나 거리에서 민중을 향해 연설하는 혁명가 같으면서도 우리의 존재 따위는 전혀 눈에 들어오지 않는 말투였다. 그의 연설을 들으며 이 사람은 개인이라기보다 공공재산이 아닐까 하는 느낌이 들기 시작했다. 그가 보아온 것, 생각한 것 전부가 공유되어야 할 공공재산이기에 그것을 젊은이들에게 전하는 역할이 그에게 있지는 않을까. 그 정도로 우리를 지나쳐 많은 사람들에게 말을 거는 말투였다.

나는 오스카르의 건축을 몇 군데 방문하고 그가 상상 이상으로 미스를 경외하고 있음을 여러 번 느꼈다. 르코르뷔지에와 미스 중 누가 이 사람에게 더 거대할지를 생각한 뒤, 지금까지 어떤 건축가에게 가장 영향을 받았는지를 물어봤다. 그러자 오스카르는 잠시 가만히 생각한 다음, 인류는 모두 형제이고 울타리가 없다는 듯한 긴 연설로 답해 나를 놀라게 했다. 질문과 전혀 다른 답 같기도 하고 어느 정도 우리가 한 질문의 근본에 답하는 것 같기도 했다. 어쨌거나 무엇을 질문하건 그의 말은 정해져 있었다. 그는 회화의 전개 방법에 따라 변하는 유연한 언어를 가지고 있지 않았고 말은 이미 전부 그의 안에서 완성되어 있었다.

한 시간이 조금 지났을 때일까. 마지막으로 주뼛주뼛 사인을 부탁하자 흔쾌히 응해주었다. 나도 긴장해서 그다지 세세하게 기억하지 못하지만, 인류애건 정치건 미래건 모두 굉장히 커다란 스케일의 이야기였다. 아무리 작은 것을 물어봐도 반드시 큰 대답이 돌아왔다. 그것이 가장 인상 깊게 남는다.

건물 밖으로 나가자 코파카바나의 아름다운 해변에서 언제나처럼 사람들이 비치발리볼을 즐기고 있어 지금까지 우리가 있던 방의 작고 조용한 분위기가 쓸쓸하게 느껴졌다. 오스카르는 오늘도 그 서재나 강의실에서 우리에게 말한 것처럼 갑자기 찾아온 방문자를 향해 사회 평화를 향한 도정의 혹독함과 인생의 어려움을 전하고 있을까. 그는 오늘도 책에 파묻혀 있으면서도 여성처럼 아름답고 다이내믹한 곡선에 도전하고 있을까.

카노아스 하우스 골짜기 깊은 곳에 서 있다.

리우데자네이루의 파벨라 중 하나.

코파카바나 해변 매우 화려한 해변이다.

코파카바나 해변과 접한 바닷가 길.

3부

앞으로의 건축

스터디에 대해서

예전부터 스터디를 좋아했다. 완성된 건축물도 물론 좋아하지만, 예전부터 스터디라는 것에 왠지 끌렸다. 또한 스터디로 나온 도면과 러프 모형, 스케치 같은 스터디의 잔해도 완성물과는 다른 종류의 얻기 힘든 매력이 있어서 좋아한다. 건축물은 완성된 상태이기 때문에 정적이고 움직이지 않지만 스터디는 항상 미완성이고 유동적이다. 거기에는 건축 창조의 순간을 포착한 듯한 다이너미즘이 있다.

물론 스터디를 좋아한다 해도 하면서 힘든 순간은 있다. 힘든 순간이 더 많다고 하는 편이 좋을지도 모르겠다. 아무리 노력해도 좋은 아이디어가 나오지 않아서 괴로울 때도 있다. 또 그게 길어질 때도 있고 출구가 전혀 없는 경우도 많이 있다. 그럼에도 불구하고, 아니 그렇기 때문에 나는 스터디에 어떤 특별한 매력을 느낀다. 스터디와 마주한다는 것은 거대한 암석에 달라붙는 듯한 괴로움, 고통이 있는 동시에 뭐라표현할 수 없는 충실감과 쾌락적인 부분이 있다. 스터디가 고통스러우면 안 하면 되지 않느냐고 생각할지 모르지만, 정신이 들면 나는 스터디와 마주하고 있다. 아마 나는 건축적·공간적 난제에 몰두하며 시행착오를 겪는 것을 좋아하고, 그 난제가 풀릴지 안 풀릴지와는 별개로 그런 난제와 싸워서 녹초가 되는 것 자체에 즐거움을 느끼는 것 같다. 애초에 스터디가 전혀 쾌락적이지 않다면, 만약 그게 고통과 의무, 수고뿐이라면 나는 학생 시절부터 지금까지 20년 넘도록 스터디를계속해오지 않았을 것이다.

아침에 일어나 사무소에 가서 끙끙거리며 고민하다가 문득정신을 차리면 날이 저물고 있다. 그제야 내가 장시간에 걸쳐스터디에 몰두했다는 것을 깨닫는다. 그것은 피로감과 충실감이 함께하는 신기한 체험이다. 다 같이 회의를 하며 앞이보이지 않는 상태로 암초에 걸리거나, 또는 집에 돌아가는 길에 어떻게 조화를 이루어야 좋을지 생각하는 행위 전부가 나에게는 아마도 창조의 쾌락일 것이다. 요약하자면 스터디는재밌다. 몇 번을 해도 두 번 다시 할쏘냐 같은 생각은 들지 않는다. 스터디에는 이렇게 해야만 한다는 룰이 없다는 점도 좋다. 어떤 식의 접근도 OK다. 컴퓨터를 사용해도 좋고 모형부터 만들어도 좋다. 특별한 룰이 없기 때문에 굳이 말하자면 '굉장한 건축을 지향한다'는 것만이 유일한 원칙이며, 그 외에는 어떤 방법으로 해도 상관없다. 스터디라는 것은 굉장한 건축을 창조하고 싶다고 바라는 인간만이 체험할 수 있는 귀중하고도 커다란 자유다.

그런 식으로 생각한 결과, 이 책*에서는 완성된 건축의 모습을 보여주는 것보다 과감히 스터디 그 자체를 테마로 할 수 있지 않을까 하고 생각하게 되었다. 그래서 완성된 건축의 모습이 거의 나오지 않게 되었다. 하지만 그 대신 다양한 스터디안案이 나온다.

현실의 건축물로 실현된 스터디안과 가까운 미래에 실현될 스터디안, 설계 과정에서 아쉽지만 폐기된 스터디안을 모두 동등하게 싣기로 했다. 또 너무 오래된 과거의 프로젝트는 뺐다. 그렇게 함으로써 우리가 최근에 리얼하게 느낀 테마 또는 악전고투한 작업, 스터디를 통해 드러나는 우리의 최근 관심사 같은 것을 희미하게나마 그릴 수 있지 않을까. 여기에 게재한 스터디 도판은 손으로 그린 스케치, 컴퓨터 낙서, CAD, 회의 때 휘갈긴 메모, 모형 콜라주, 포토 콜라주, 다이어그램 등이다. 각각의 분위기, 소재의 내용을 되도록 그대로 느낄

---

* 西沢立衛, 『西沢立衛: 西沢立衛建築設計事務所スタディ集』(INAX出版, 2009).

수 있도록 색과 소재, 순서나 배치를 고려해서 게재했다. 동시에 각각의 도판에 간단한 해설을 추가해서 어떤 스터디를 했는지 알 수 있는 페이지 구성이 되도록 했다. 페이지 수가 한정되어 있기 때문에 모든 스터디를 게재할 수도 없었고, 우리가 사무소에서 실제로 행하고 있는 스터디의 실태, 악전고투의 전부를 전달하기도 어려웠지만 그 파편만이라도 여기에 나타낼 수 없을까 싶었다.

스터디집 제작을 즈음해, 과거의 건축 프로젝트 스터디 묶음을 새삼스럽게 돌아봤다. 우리가 했던 다양한 작업들이 나온 것을 보니 스터디라는 것이 개방적인 작업임을 새삼 느낄 수 있었다. 형태는 항상 모호했으며 어떤 방면으로도 성장시킬 수 있는 미지의 분위기가 한 장 한 장에서 느껴졌다. 나뿐만 아니라 스터디를 하는 쪽에서도 다양한 스태프의 시행착오가 뒤섞여 있었다. 아무나 상관없다고 하면 어폐가 있겠지만, 요컨대 스터디는 누구라도 하려고 하면 할 수 있는 매우 개방적인 작업이다. 굉장한 안이 떠오를 것인가 아닌가라는 난제 앞에서는 숙련된 건축가도 1년 차 직원도 전부 대등하며, 방대한 비용과 노력을 들여 만든 정밀한 CG를 5초 만에 그린 낙서 한 장이 뛰어넘는 경우도 있다. 스터디에는 아무리 작은 스케치 한 장에도 새로운 건축의 가능성에 향하려는 자세가 있다. 형태가 없는 것에 형태를 부여해가는 그 순간순간의 연속이 스터디이며, 그것은 건축이 생겨나 나타나는 현재 진행형의 창조 그 자체다. 그런 스터디라는 창조 행위가 가진 굉장함과 가능성을 이 책을 봐주시는 독자 여러분이 우리의 산더미처럼 모은 변변찮은 스터디를 통해 조금이나마 느껴주신다면, 나로서는 이 이상의 기쁨은 없을 것이다.

디테일에 대해서

디테일에 관한 책을 어떤 식으로 만들면 좋을지 여러 가지로 생각해보았다. 그러나 어느 순간부터 '도대체 디테일이란 무엇일까?' 같은 꽤 기본적인 질문에 대해 고심하게 되었다. 디테일은 건축가에게는 매일매일 생각하는 굉장히 일상적인 것이다. 그것이 너무 자연스러워진 탓일까? 디테일이란 무엇인지를 지금까지 차분히 생각한 적이 없었다.

디테일이란 무엇인가? 이 책*을 만들면서 이 물음이 머릿속에서 여러 번 반복되었다. 그 결과 나에게 디테일이라는 것은 단순한 말단 부분이 아니라, 뭔가 건축 전체에 직접적으로 관계되는 개념이기도 하다는 점을 깨달았다. 디테일이 건축

---

* 西沢立衛, 『西沢立衛建築設計事務所ディテール集』(彰国社, 2010).

의 풍경을 직접적으로 정한다고 해도 좋을지 모르겠다.

예전에 『니시자와 류에: 니시자와 류에 건축설계사무소 스터디집 西沢立衛: 西沢立衛建築設計事務所スタディ集』이라는 책을 냈을 때 '한창 스터디 중에 안案을 생각하거나 어떻게 조화를 이루어야 좋을지 필사적으로 생각하거나'라고 쓴 부분이 있는데, 그 문장을 토머스 다니엘Thomas Daniell 씨가 영어로 번역해 주었다. 읽어보니 '어떻게 조화를 이루어야 좋을지 생각한다'라는 부분이 'how things come together'라고 번역되어 딱 들어맞는다고 감탄했다. 다니엘 씨가 번역한 이 'how things come together', 즉 '사물이 어떤 식으로 함께 통합되는가'라는 표현은 설계할 때의 내가 디테일에 대해 이것저것 생각하며 괴로워하던 상황에 매우 가까운 뉘앙스였다. 'how things come together'라는 말은 디테일이나 조화에 대한 의미이기도 하고 건축의 전체상에 대한 표현이기도 하다. 어느 쪽이든 건축 스터디를 할 때 매우 심각하게 생각하는 부분들이다. 예를 들어 바닥과 지붕이 여기저기에 부유하는 듯한 건축 아이디어가 있다고 하고 그 풍경을 머릿속에 그릴 때, 건축가라면 누구라도 어디가 구조이고 어디가 비구조인지, 지붕과 벽이 어떻게 부딪히고 어떻게 통합되는지 상상한다. 그리고 그에 따라 전체의 조화를 판단한다. 아이디어를 폐기할 때 '조화롭지 않을 것 같다'는 이유만으로 폐기해버리는 경우마저 있다.

'다양한 사물이 어떻게 함께 통합되는가'를 생각하는 것은 벽이나 지붕이나 구조체, 혹은 부엌이나 거실이나 정원의 전부가 집합된 하나의 세계, 하나의 건축상, 건축적인 전체상을 머릿속에서 만들어내는 일이다. 그런 의미에서 보면 조화에 대한 생각이 그대로 건축 창조가 된다고 할 수 있다. 디테일이라는 세계에는 사물이 이런 식으로 집합해야 한다는 건축가의 가치관이 여실히 드러난다. 건축가에 따라서는 매우 세밀하면서도 엄격하게 전부 조화를 이루어야 직성이 풀리는 사람도 있고, 반대로 전부 야단법석이고 너저분한 러프 상태여야만 하는 사람도 있다. 어느 쪽이건 디테일의 풍경은 그대로 건축의 풍경이 된다. 그래서 건축가가 자신의 디테일집을 만든다면 그 사람의 건축관이 숨김없이 드러날 것이다.

그런 의미에서도 이번 책은 제대로 제도한 CAD의 부분상세도뿐 아니라 디테일에 대해 고투하며 손으로 그린 스케치나 다이어그램, 문장도 전부 싣기로 했다. 제대로 제도한 상세도에는 선화線畫가 많지만 나는 선보다 면, 색칠한 면으로 각 부위와 그 관계를 알 수 있는 색채 묘사 쪽이 디테일 표현에 어울린다고 본다. 선화는 선화 나름대로 좋기는 하지만 너무나 균일하기 때문에 어떤 선이 무엇을 나타내는지 알 수 없는 부분이 있다. 하지만 각각의 부재部材에 색을 칠하면 사물과 사물의 다이내믹한 관계를 한층 더 직접적으로 알 수 있게 된다. 또한 사물이 집합되어 하나의 세계를 형성해가는 모습을 잘 알 수 있다. 나는 그런 것을 좋아하고 또 그것이 감각적으로 쉽게 이해할 수 있는 방법이라고 본다. 이런 생각을 하면서 정리해보니 러프한 느낌의 그림이 모였다. 비록 모인 그림들은 CAD 같은 상세도는 아니지만, 나에게는 하나같이 사물과 사물의 관계는 이래야 한다는, 내가 막연히 생각하는 내용이자 'how things come together'를 나타내는 내용이다. 또한 아마 내가 건축을 통해 지향하는 풍경과도 연결되어 있을 것이다.

환경과 현대의 자연에 대해서

지금부터 10년 전, 그러니까 20세기가 끝나느냐 마느냐 하던 시기에 '20세기'라는 단어에는 아직 미묘하게 '현재'라는 현재진행형 뉘앙스가 있었다. 10년 후인 지금은 그것이 이전 세기라는 뉘앙스가 되었고 10년 동안 환경 역시 꽤 변했다. 당시부터 나의 관심사 중 하나인 환경이 차지하는 비중도 점점 커졌다. 아마 이 20년이라는 단기간에 우리를 둘러싼 환경이 놀랄 정도로 변했기 때문일 것이다. 또한 개인적인 체험으로는 1990년대 후반 정도부터 국내외의 다양한 지역에 나가게 된 점도 컸다. 다양한 사회, 지역을 경험하고 인간이 환경이라는 개념과 공간을 만들어낸다는 실례實例를 몇 번이나 봤으며, 환경이 인간에게 가져다주는 것의 크기도 봤다. 또한 다양한 역사적인 사례를 보면서 각 시대의 각 민족이 그 시대에 필요한 환경, 지역, 사회를 창조해왔음을 느끼게 되었다. 작은 것부터 큰 것까지 인간은 다양한 창조물을 만들어왔는데, 그 대부분은 그 시대의 인간이 풍요롭게 살아갈 환경을 만들기 위해 중요한 것이었다.

한편으로 현대에 대해서 생각해보면, 우리 주변에는 갖가지 잡다한 사물이 흘러넘치면서 다양하고 어지럽게 뒤섞여 있다. 예를 들면 컴퓨터도 휴대전화도 자동차도, 에도시대 인간의 눈으로 본다면 편리한 물건인지 그저 일거리를 늘리는 성가신 물건인지 알 수 없을 정도로 복잡하고 기괴한 사물일 것이다. 그러나 동시에 우리는 그런 현대적인 창작물과 함께 까다로운 생활을 보내며 에도시대에는 상상할 수 없는 우리 나름의 자연을 지향하는 듯한 느낌도 든다. 컴퓨터를 통해 누군가와 대화할 때, 번잡하다고 생각될 때와 까다로운 일이 놀랄 정도로 직접적이고 심플하게 해결되어버릴 때가 있다. 자연스럽게 소통할 수 있을 때는 아무래도 자신에게 자연이란 무엇인가, 가장 자연스러운 상태란 어떤 것인가 하는 문제를 생각하게 된다. 마찬가지로 건축을 설계할 때도 종종 그런 생각을 한다. 지금은 아직 분명한 모습을 갖고 있지 않지만 우리가 어떤 자연을 추구하고 어떤 환경을 창조하려고 하는지, 또한 그것이 19세기와 비교해 얼마나 다른지, 언젠가는 확실한 모습을 부여받고 분명해질 날이 올 것이다.

관계성에 대해서

여기서는 최근 우리의 건축적인 흥미에 대해 써보려고 한다. 최근이라고는 해도 예전부터 우리가 가지고 있던 관심사와 그렇게 다르지 않을 것이다. 그것은 한마디로 말하면 '관계성'이라고 할 수 있다. 우리의 건축은 일반적으로 모두 열려 있고 원래부터 열린 건축을 지향해왔는데, 왜 열린 건축을 하느냐고 묻는다면 그 이유는 관계성을 만들기 위해서다. 관계라는 것은 끊어버리면 그 이상의 일은 발생하지 않는다. 그러나 관계를 연결하면 그것을 계기로 다양한 창조적 전개가 발생한다. 그것은 안과 밖의 관계성이라는 의미로서도 그렇고, 장소와 장소의 관계성이라는 의미로서도 어느 정도 그렇다고 할 수 있다. 또한 인간과 건축의 관계라는 의미로 생각해도 인간의 활동은 그런 건축을 토대로 더욱 창조적인 건축이 되어가는 것이 아닐까. 건축이 촉매가 되어 다양한 관계성이 나타난다. 우선 여기서는 우리가 최근 주목하고 있는 문제를 몇 가지 예로 들고 내가 생각하는 관계성에 대해 구체적으로 이야기하고 싶다. 우선 첫 번째는 '새로운 건축과 공간의 경험에 대해서', 두 번째는 '환경과 건축의 관계에 대해서', 세 번째는 '인간이 건축을 사용하는 것에 대해서'이다.

1. 공간의 관계에 대해서

새로운 건축을 지향하는 것은 심플한 목표이지만 어려운 과제이기도 하다. 인간은 각각의 시대에 수많은 새로운 건축을 만들어왔다. 시대마다 그 시대의 가치관에 따라 다른 시대에서는 할 수 없었던 새로운 건축의 성과를 내왔다. 건축의 역사는 몇천 년의 세월을 지나 수많은 새로운 공간, 새로운 공간의 경험을 만들어왔다.

예를 들어 커다란 원룸 공간이 있다. 여기에는 고유의 공간적 개성이 있고 고유의 공간적 경험이 있다. 많은 사람이 같은 사건을 동시에 경험할 수 있는 상태를 만들어냈다. 판테온 같은 대건축이 가장 큰 예다. 거기까지 가지 않아도 주변에 있는 집회실이나 콘서트장 역시 좋은 예가 된다. 하나의 공간, 하나의 콘서트, 하나의 사건을 모두가 동시에 목격하고 경험하는 상태를 만들어낼 수 있다. 그것은 작은 독방이 모여 완성된 독방의 집합 같은 공간 상태, 또는 같은 평면이 몇십 장 적층된 고층 빌딩 같은 공간구성에 의해서는 결코 실현될 수 없는 종류의 고유한 공간적 경험이다.

원룸 형태의 대공간이건, 작은 독방군의 집합이건, 적층 공간이건, 지금까지 건축은 수많은 종류의 공간을 만들어왔고 다양한 관계성을 만들며 다양한 경험을 만들어왔다. 아마 건축만이 아니라 그 밖의 다른 영역도 인간의 새로운 공간 경험을 계속 제공해왔을지 모른다. 예를 들면 산이나 골짜기, 하천, 고원 같은 자연 지형이나 쾌청한 하늘, 비, 안개, 폭풍 같은 기상 공간이 인간에게 다양한 공간 경험을 부여했는지도 모른다. 혹은 전철, 비행기, 휴대전화도 수많은 공간적 경험을 만들어왔다고 할 수 있을지 모른다. 비행기로 인해 우리는 멀리 떨어진 두 개의 도시를 하루 사이에 경험할 수 있게 되었고 휴대전화로 인해 복수의 사람들이 떨어진 공간에서도 동시에 같은 토론의 장을 공유할 수 있게 되었다. 또 컴퓨터가 인간의 계산 능력을 훨씬 뛰어넘게 되면서 지금까지 인간이 경험할 수 없었던 일, 예를 들면 사전에 미래를 시뮬레이션하는 일 등이 가능하게 되었다. 새로운 시대에 발명된 새로운 도구가 인간에게 새로운 경험을 가능하게 만든 것이다. 마찬가지로 새로운 시대에 등장하는 건축은 새로운 공간 경험을 우리에게 부여하는 것이 아닐까. 앞으로의 시대, 새로운 공간 경험이 하이 테크놀로지에 의해서만 독점적으로 실현되는 것인지, 아니면 건축이라는 장르가 아직 뭔가 공간적 가능성을 계속 만들어낼 수 있는지는 알 수 없다. 오히려 우리 노력에 달렸는지도 모른다. 적어도 나는 건축이라는 리얼한 공간 창조를 통해 새로운 공간, 새로운 인간의 경험을 만들어내고 싶다.

'롤렉스 러닝센터'(2005~2009년)에서는 커다란 원룸을 바탕으로 다양하고 입체적인 공간의 관계성을 만들어내려 했다. 주변의 경관을 이용하듯 지리적 공간을 도입해서 단순한 원룸 공간과는 다른 공간을 지향했다. 건물의 능선이 건물 속의 공간을 좌우로 나눈다. 칸막이벽으로 공간을 나누지 않았기 때문에, 공간 전체는 원룸 상태로 서로 연결되어 있지만 동시에 능선이라는 물리적 존재에 의해 나뉘어 있기도 하다. 나뉘어 있으면서 연결되어 있는 상태다. 마찬가지로 건물의 골짜기 부분에 배치한 카페도 경사면으로 둘러싸여 공간적인 폐쇄성·독립성을 갖지만, 동시에 다른 공간과 연결되는 양의적 공간이 되었다. 건물 전체가 입체적인 커브 형태이기 때문에 건물의 깊은 부분에서도 알프스나 호수를 바라볼 수 있고, 또 건물 중심부에서 기존 캠퍼스를 보는 식으로, 평평한 공간에서는 경험할 수 없는 입체적 관계를 만들어냈다. 공간구성을 생각하는 일이 나에게는 새로운 관계성을 만들고 새로운 경험을 만들기 위한 중요한 수단 중 하나라고 할 수 있다.

2. 환경과 건축의 관계에 대해서

지금까지 우리의 프로젝트에서 공통되는 점 중 하나는 환경과 연속하는 건축을 지향했다는 것이다. 아마 그 공통점에는 일본 건축 문화의 영향이 적지 않을 것이다. 사계절, 고온다습한 자연환경, 지진, 종교, 커뮤니티의 모습, 일본적인 도시를 만드는 방법에서 다양한 영향을 받았다. 아시아 몬순 기후 속에 위치하고 두 개의 바다 사이에 낀 일본열도의 고온다습한 기후 조건이 주변 환경을 향해 개방된, 통풍이 잘되는 건축을 선호하는 베이스가 되었다. 또한 수많은 신의 존재로 대표되는 비유일신적 가치관, 범신교적 세계관이 우리 건축의 비중심성, 대등성, 환경과 건축이 주종관계를 넘어 연결된 상태, 그리고 건축의 모습에 영향을 주고 있다고 말할 수 있을지 모른다.

그러나 한편으로 일본과 해외의 문화와 관계없는 만국 공통의 관점에서 몇 가지 신경 쓰이는 부분이 있다. 건축은 사이즈가 매우 크고 도시에 노출되는 존재이기 때문에 한 번 시내에 세워지면 매우 큰 임팩트를 거리에 남긴다. 아무리 설계자가 지역에 영향을 끼치지 않는 건축을 만들고 싶어 하더라도 건축은 크기가 크기 때문에 눈앞의 거리나 이웃에 상당한 영향을 끼치게 된다. 그런 일은 작은 주택 정도의 크기라도 발생하며 미술관, 역사, 도서관과 같은 공공적인 건축물의 경우에는 더더욱 그렇다. 새로운 건축을 세우면 반드시 새로운 환경이 만들어진다. 어제까지 그 장소에 없었던 거대한 사물이 어느 날 갑자기 거리에 등장하기 때문에 거기에서 받는 새로운 느낌, 위화감은 상당하다. 그런 의미에서 건축을 한다는 행위는 지금까지 이 거리가 가진 적 없는 새로운 환경, 분위기를 지역에 부여하는 행위이기도 하다.

일본의 도시는 토지가 매우 세세하게 구획되어 있기 때문에 토지 하나하나를 개인이 매매할 수 있고, 그 부지 안에 자유롭게 좋아하는 형태의 건물을 세울 수 있다. 물론 약간의 형태 규제가 있고 지역에 따라서 경관 조례 같은 것도 있지만, 기본적으로는 자신의 부지 안에서 조화를 이루기만 하면 무엇을 만들건 자유롭다. 그 결과 일본 도시에는 매우 제각각의 형태를 가진 건물이 난립하게 되었다. 그리고 도쿄에서 태어나고 자란 나와 같은 건축가는 그런 도시의 모습에 결정적인 영향을 받게 되었다. 나쁜 영향 중 하나는 아무래도 건축을 부지 단위로 생각하고 거리 전체로 잘 생각하지 않는다는 점이다. 나도 처음에는 매우 자연스럽게 건축을 어떤 단독적

인 단위로 생각했다. 다만 건축을 사용하는 사람 쪽에서 생각
해보면 그들의 건축 체험은 건축 하나에서 완결되지 않는다.
우리는 건축과 정원, 도로, 거리같이 건축을 넘어서 한층 더
큰 '환경'이라는 통합된 공간으로서 도시와 건축을 체험하게
된다. 그런 식으로 생각한 결과, 부지 단위로 건축을 생각하
지 않고 환경을 하나의 단위로 삼아 건축을 생각하는 것이 큰
과제가 되었다.

　환경과 건축의 관계를 생각하는 사이, 점차 열린 건축의 모
습을 지향한다는 과제도 생겼다. 원래 열린 건축에 흥미가 있
기도 했고 전술한 것처럼 각 건축이 제각각의 모습으로 세워
진 도쿄의 풍경과, 스스로 폐쇄되어 이웃에 대한 관심을 버린
도쿄 건축의 모습에 의문을 느꼈기 때문인지도 모른다. 어쨌
거나 환경과 건축이 얼마나 창조적인 관계를 가질 수 있는지
가 앞으로 나에게 남은 큰 건축적 과제 중 하나이다.

　그런 우리의 접근 방식은 건축에서 부지를 둘러싼 울타리
를 만들지 않는 모습에도 나타난다. 우리의 프로젝트 중에서
몇 가지를 예로 들자면 나오시마 바다의 역(2003~2006년), 가
나자와 21세기 미술관(1999~2004년), 도와다 시 현대 미술관
(2005~2008년), 오니시 다목적 홀(2003~2005년), 모리야마 주
택(2002~2005년), 이누지마 〈집〉 프로젝트(2008~2010년), 톨
레도 미술관 글라스 파빌리온(2001~2006년) 같은 프로젝트는

부지의 경계선을 따라 세워진 울타리나 게이트가 없다. 부지 안에서 밖까지 땅이 그대로 연속되고, 사람들은 부지 경계선의 존재를 딱히 느끼지 않는다. 도쿄의 주택지는 각 주택이 일단 자신의 부지를 담으로 둘러싸는데, 이것이 당연하기 때문에 도쿄의 상식에서 보면 우리의 접근 방식은 보편적이지 않다고 할 수 있다. 하지만 우리는 건축이 환경의 일부라는 발상, 또 건축이 부지에 속하는 것 이상으로 환경에도 속한다는 발상을 중시한다. 게다가 우리는 환경과 건축이 통합된 상태, 환경과 건축이 유기적으로 연결된 상태를 지향한다.

3. 인간이 건축을 사용하는 것에 대해서

'인간이 건축을 어떻게 사용하는가'라는 문제는 오랫동안 우리의 관심사였고 또 가장 큰 과제 중 하나이기도 하다. 인간이 건축을 사용하는 행위는 지극히 당연하고 어떤 건축에서나 일어나는 일이며 누구나 알고 있는 일이다. 그러나 지금까지 인간이 건축을 창조적으로 사용할 때 건축이 더 근사해지는 경우를 몇 번이나 보았고, 인간이 공간을 평범하게 사용하는 예도 봤다. 또 인간이 무의식적으로 사용하고 싶어지는 공간과 그렇지 않은 공간이 있다는 것도 봤다. 그런 다양한 예를 보던 중 점차 인간이 공간을 사용하는 일이 하나의 창조적인 행위가 아닐까 하는 생각을 하게 되었다. 건축가가 건축을 설계하고 건설하는 일을 가리켜 건축 창조라고 부르지만, 거주하는 사람이 완성된 건축물을 사용하는 행위도 창조적인 행위이다. 예를 들어 건물에 이사해서 커튼 하나를 다는 것만으로도 그 사람다운 스타일이 나타나고, 자신의 가구나 양복을 방에 놓는 것만으로도 그 사람다운 공간이 만들어진다. '사용한다'는 행위, '거주한다'는 행위는 창조적인 행위이다.

어떤 매력적인 공간을 보고 사용하고 싶다고, 살아보고 싶다고 생각하는 경우가 있다. 우리는 그렇게 인간이 사용하고 싶어지는 건축, 어떻게 사용할지 상상을 돕우는 건축을 할 수 없을까 하는 고민을 하게 되었다. 사용자에게 새로운 사용법을 상상하게 만드는 건축을 지향하는 이 같은 사고방식은, 어쩌면 우리가 만드는 건축에는 원칙적으로 특정한 기능이 없다는 이야기가 될 수도 있다. 물론 미술관이나 주택은 특정한 기능에 맞춰 설계하지만, 미술관이나 주택이라는 명칭은 어디까지나 그 건축의 현재 사용법일 뿐이다. 미래를 아울러서 사용의 잠재적 가능성을 생각해본다면 설령 그 건축이 현재 미술관으로 사용되고 있더라도 전혀 다른 사용법을 사람들에게 상상하게 하고 실현하게 하는 일도 충분히 가능하다. 사람에 따라서는 우리의 미술관과 그곳에서 활동하는 사람들을 보고, 학교나 탁아소로 사용해도 되겠다며 미술관의 다른 모습을 상상할지 모르고, 실제로 그렇게 사용하는 경우가 있을 지도 모른다. 시대가 변하면 현재의 우리와는 다른 상상력을 가진 다음 시대의 인간이 이전 시대의 역사적인 건조물의 매력에 촉발되어, 당시에는 있을 수 없던 현대적인 방법으로 사용하기 시작할지 모른다. 오히려 우리는 그런 식으로 인간의 상상력이 확장되길 바라고 건축이 상상력의 확장을 일으킬 수 있게 되기를 바란다. 이처럼 우리는 사용하는 행위의 창조성을 불러일으키는 열린 건축의 모습을 지향하고 있다.

나쓰메 소세키夏目漱石의 『풀베개草枕』에는 기차에 대해서 인간의 존엄을 도외시한 교통이라고 비판한 부분이 있다. 나쓰메 소세키가 어떤 기분이었는지 현재로서는 상상에 맡길 수밖에 없지만, 인간이 마치 화물칸에 실리는 감자처럼 취급된 것 같은 복잡한 기분이었을지 모른다. 물론 100년 전 시대의 인간의 존엄을 지금 시대의 우리가 감각적으로 이해하기는 어렵다. 지금 우리는 반대로 기차나 전철을 필요로 하고 있고 그렇게 나쁘지 않은 교통수단이라고 생각한다. 오히려 기차 여행에서 소세키가 느끼지 못한 쾌적성과 편안함을 느끼며 사람에 따라서는 향수마저 느끼기도 한다. 그렇게 인간의 감수성과 쾌적함, 쾌락은 시대에 따라 변한다. 기차 외에도 휴대전화, 컴퓨터, 제트기, 인공위성같이 수많은 사물이 우리 주위에 있는데, 그 대부분은 소세키의 시대에는 없던 것이고, 아마 소세키에게는 부정될 잡동사니일 것이다. 휴대전화나 컴퓨터, 팩스 등의 기계와 얽힌 우리 생활도 상당히 부자연스럽기 짝이 없는 생활로 보일 염려가 있다. 하지만 동시에 우리 주변에 기계가 넘치는 부자연스러운 생활에 모종의 쾌적함과 자유로움, 쾌락이 있는 것은 사실이다. 또 그런 사물들은 우리가 쾌락, 가치관을 변화시키도록 영향을 끼칠 수 있다. 주변에 있는 일용품의 경우, 우리 생활이 그것을 바란 결과 만들어진 것인지 아니면 새로운 일용품이 등장했기 때문에 우리 생활과 가치관이 변한 것인지 그 순서는 알 수 없다. 적어도 여기서 말할 수 있는 것은 그 사물들이 우리의 시대, 우리의 신체성과 연결되어 있고 우리 시대의 일용품, 생활용품이 우리 시대의 가치관을 선명하게 나타내고 있다는 점이다.

주변의 사물 중에서 가장 커다란 크기를 가진 것은 건축이다. 각 시대의 인간은 각각의 삶, 가치관 아래 다양한 건축을 만들어왔다. 어떤 시대의 건축이든 '인간은 이렇게 살아야 풍요로울 수 있다'라는, 그 시대의 삶의 방식을 공간적으로 표현해왔다. 그런 의미에서 현시대의 우리가 느낄 수 있는 기능성, 쾌적성, 혹은 공간 경험을 끝까지 파고들다 보면, 언젠가 지금 시대의 가치관을 둘러싼 과제가 나타나게 될 것이다. 또한 앞으로의 건축을 지향하는 일은 결과적으로 우리 시대의 가치관을 만드는 계기가 되지 않을까. 어쨌든 우리가 무엇을 기능적이라고 생각하는지, 어떤 식으로 건축을 사용하면 재밌는지, 어떤 쾌적성을 추구하는지, 새로운 경험은 무엇인지 등에 관한 탐구는 우리 시대의 새로운 건축 창조와 직접적으로 연결된 과제일 것이다.

지진 재해

....

쓰나미로 모든 것이 떠내려가는 영상을 보고 마치 나 자신
이 찢기는 듯한 아픔을 느꼈다. 지금까지 느낀 적 없는 감정
이었다. 그 후 피해지를 방문하고 나선 더욱 큰 충격을 받았
다. 경찰도 관공서도 도로도 다리도 모두 파괴되고, 문명적인
도시 생활 전부가 떠내려간 그 풍경은 너무나 끔찍했다.

그러나 한편으로 나는 사람들이 자신들의 지역에 돌아와
활동을 재개하는 것을 보았다. 그것을 보고 토지에 산다는 것
은 이제 인간의 자긍심의 문제라고 강하게 느꼈다. 또한 사람
들이 노래하거나 울거나 이야기하거나 그림을 그리는 등, 인
간이 살아가면서 꼭 드러나게 되는 그들 나름대로의 방식, 삶
같은 것을 문화라고 부른다면 그것은 대자연에 의해 파괴되
지 않고 오히려 이런 상황에서야말로 두드러진다고 생각했

다. 그런 문화는 한마디로 말해, 손 하나의 움직임만으로 나타나는 것과 같다. 우리는 너무나 인공적인 도시 생활을 보냈기 때문에 우리의 삶에는 보편적인 문명밖에 없다고 여기게 되었다. 그로 인해 일본열도라는 이름의, 그 존재 자체가 그야말로 방파제와 같은 대자연의 최전선 같은 곳에 살아왔음을 쭉 잊고 있었다. 그러나 대자연의 한가운데에서 살아가고 있다고 느끼는 지금이야말로 우리는 어떤 노래를 부르고, 어떻게 말하고, 어떤 공간에서 살아갈 것인지가 무엇보다 중요해졌다. 또 그것이 사람들을 강하게 지탱한다고 느꼈다. 앞으로 도시 건설과 부흥이 시작될 텐데, 이 토지에서 살아가기로 결정한 사람들의 긍지가 지역 문화의 중심이 되길 바란다. 아니, 반드시 그럴 것이다.

후기

   이 책은 오코쿠샤王国社에서 출판된 나의 두 번째 책이다. 2007년부터 2011년까지 여기저기에 쓴 글과 새로 쓴 원고 몇 개를 오코쿠샤의 야마기시山岸 씨가 정리해주었다. 출판을 즈음해 예정했던 원고 몇 개가 게재하기 어려워진 관계로 급작스럽게 원고를 작성한 부분도 있기 때문에 그 부분의 완성도는 불안하지만, 야마기시 씨가 마지막까지 잘 이끌어준 덕분에 어떻게든 정리할 수 있었다. 야마기시 씨에게는 그저 감사할 뿐이다.

   후기를 쓸 때 최근 생각하는 것을 써주길 바란다는 야마기시 씨의 요망이 있었다. 최근의 일이라면 우선 동일본대지진이 있었고 방사능 물질의 확산 문제가 있었다. 불황도 계속되고 있다. 일본도 세계도 격동의 한 해였다. 그 정도로 대자연의 맹위를 목격했고, 모두가 자신이 하는 일의 의의와 의미를 깊이 생각하게 되었다. 축구 선수가 축구를 하는 의미를 생각하거나 시인이 왜 시를 쓰는지 자문하는 것과 같이 건축가는 왜 자신이 건축과 마주하는지, 건축으로 무엇을 할 수 있는지, 건축이란 무엇인지 계속해서 자문했다. 나에게 건축이라는 것은 인간의 삶에 깊게 관여한 가장 근본적인 것 중 하나이다. 인간은 맨몸을 노출한 채로는 살 수 없으며 환경과 함께 살아가는 생물이다. 살아가면서 반드시 환경을 주변에 두고 살아간다. 물론 환경이라고 해서 사물만을 이야기하는 것은 아니다. 잠에서 깨거나, 이야기하거나, 먹거나, 노래하거나 하는 그런 한 가지 한 가지를 할 때마다 그 사람 나름의 방법, 개성이나 버릇이 어떻게든 나온다. 노래를 부를 때는 각자 독자적인 방법으로 노래하고, 물건을 향해 손을 뻗으면 그 사람 나름의 방법으로 뻗게 된다. 그런 다양하고 독자적인 방법에 맞추어 가구가 만들어지거나 부엌과 거실, 정원 같은 장소가 만들어지고 그것들이 모여 집이 되고 거리가 된다. 잠에서 깨어나거나, 일하거나, 먹거나, 옷을 갈아입거나 하는 그런 인간의 모든 행위에 건축과 도시가 관계되어 있다. 건축과 도시, 지역, 공간이라는 것은 인간이 어떻게 살아가는지와 지극히 깊게 관계된다. 또한 건축은 그런 것에 대해 어떻게든 발언하게 되는 장르다.

또 한 가지 중요한 것은 건축을 세우면 그걸로 끝나는 것이 아니라 그때부터 비로소 사람들이 사용하기 시작한다는 점이다. 즉, 건축이란 과거에 대한 것이라기보다는 앞으로의 미래를 향하고 미래의 사람들을 위해 만들어지는 것이다. 이 때문에 만드는 사람은 미래에 대해 생각하면서 설계한다. 어떤 미래가 있을 수 있는지를 상상하면 그것은 형태가 되고 건축이 된다. 건축에는 그것을 세운 시대의 사람들이 가진 꿈이나 상상력, 가능성이 상징적으로 나타난다. 즉, 건축은 우리가 미래를 향해 살아가는 것을 긍정한다.

그렇다고 해도 건축이란 무엇인가라는 물음에 정답은 없다. 그 물음은 해답과 일대일의 세트가 아닌 물음이다. 누구나 독자적인 형태로 답할 수 있는 개방적인 물음인 것이다. 그 물음에 극히 창조적인 답이 나왔을 때, 건축이라는 영역이 확대되고 재정의될 수 있을지 모른다. 각 세기, 각 시대에는 대체로 이전 세기와 다른 창조적인 답이 나오기 마련이다. 건축의 역사는 그렇게 만들어졌다. 그래서 건축가는 앞으로도 그 물음에 대해 계속 생각하고 답할 것이다.

이 책에 게재된 원고는 모두 사물에 대한 나의 사고가 문자화된 것이다. 원고의 대부분은 동일본대지진 이전에 쓰였다. 나는 이 지진 재해로부터 많은 영향을 받고 많은 생각을 하게 되었으며, 재해로 세상의 수많은 의미가 크게 바뀌었다고 느

낀다. 그러나 지진 이전의 문장들을 지금 새로 쓰고 수정하고
싶은 생각은 없다. 여기에 게재된 지진 이전의 문장도 내가
만들어온 건축도 지진 후의 세계 속에서 여전히 의의나 리얼
리티, 가능성을 잃지 않고 계속 살아 있기를, 또 독자 여러분
이 어떤 리얼리티와 함께 이것을 읽어주기를 기도한다.

2011년 11월 1일

니시자와 류에

글의 원출처

- 「보았다·들었다·읽었다(見た·聴いた·読んだ) I」, ≪아사히 신문(朝日新聞)≫, 2007년 7월 27일 자, 8월 24일 자, 9월 21일 자.

- 「새로운 자연(新しい自然)」, ≪pers. volume 0: 디자인을 전달하는 기쁨(デザインを伝えるよろこび)≫, 2010년 1월 호.

- 「도와다 시 현대 미술관의 설계 사상(十和田市現代美術館の設計思想)」, ≪건축기술(建築技術)≫, 2008년 8월 호.

- 「정원 같은 집(庭のような家)」, ≪신건축(新建築)≫, 2007년 3월 호.

- 「일체화하는 안과 밖(一体化する中と外)」, ≪TOTO통신(TOTO通信)≫, 2007년 여름 호.

- 「가구와 건축에 대한 이야기(家具と建築についてのレクチャー)」, ≪신건축≫, 2008년 9월 호.

- 「주택에서 디테일이란?(住宅にとってのディテールとは?)」, ≪신건축≫, 2010년 12월 호(주택 특집).

- 「네덜란드에서 뉴욕, 도쿄로(オランダからニューヨーク, 東京へ)」, ≪신건축≫, 2008년 1월 호.

- 「지역 차를 넘어서(地域差を超えて)」, ≪신건축≫, 2010년 5월 호.

- 「아트·건축·자연(アート·建築·自然)」, ≪신건축≫, 2011년 1월 호.

- 「보았다·들었다·읽었다 II」, 새 원고.

- 「영어 이야기(英語の話)」, 새 원고.

- 「르코르뷔지에(ル·コルビュジエ)」, 새 원고.

- 「새로운 삶으로(新たな生のほうへ)」, ≪DETAIL JAPAN≫, 2007년 7월 호.

- 「상상력의 크기에 대해(イマジネーションの大きさについて)」, ≪사상(思想)≫, 2011년 5월 호.

- 「베네치아 이야기(ベネチアの話)」, 새 원고.
- 「브라질의 추억(ブラジルの思い出)」, 새 원고.
- 「스터디에 대해서(スタディについて)」, 『니시자와 류에: 니시자와 류에 건축설계사무소 스터디집(西沢立衛: 西沢立衛建築設計事務所スタディ集)』[INAX 출판(INAX 出版), 2009년 4월].
- 「디테일에 대해서(ディテールについて)」, 『니시자와 류에 건축설계사무소 디테일집(西沢立衛建築設計事務所ディテール集)』[쇼코쿠사(彰国社), 2010년 5월].
- 「환경과 현대의 자연에 대해서(環境や現代の自然について)」, ≪신건축≫, 2010년 1월 호.
- 「관계성에 대해서(関係性について)」, 『GA 아키텍트 세지마 가즈요 + 니시자와 류에 2006~2011(GAアーキテクト 妹島和世 + 西沢立衛 2006-2011)』[ADA 에디터 도쿄(ADAエディタトーキョー), 2011년 1월].
- 「지진 재해(震災のこと)」, ≪신건축≫, 2011년 6월 임시 간행 호.

* 이 책에 수록하면서 일부 제목을 변경했습니다.

지은이

니 시 자 와 류 에
西沢立衛

일본을 대표하는 건축가 중 한 명이다. 2010년 건축계의 노벨상이라 불리는 프리츠커상(Pritzker Architecture Prize)을 세지마 가즈요와 함께 수상했다. 1966년 도쿄에서 출생해 1988년 요코하마 국립대학 공학부 건축학과를 졸업하고 1990년 동 대학원 석사과정을 수료했다. 같은 해 세지마 가즈요 설계사무소에 들어가 1995년 세지마 가즈요와 공동으로 건축사무소인 SANAA를 설립한 후, 1997년 니시자와 류에 건축설계사무소를 설립했다. 2001년 요코하마 국립대학 대학원 조교수를 거쳐 2010년부터 Y-GSA(요코하마 국립대학 대학원 / 건축도시스쿨) 교수로 재직 중이다. 단순히 건물로서의 기능을 넘어, 환경과 지역사회를 연결하는 관계성을 가진 투명하고 열린 건축을 지향한다.

주요 수상 경력

1998년   일본건축학회상 작품상 (기후 현립 국제정보과학예술아카데미 멀티
미디어공방)

1999년   요시오카상

2000년   도쿄건축사회 주택건축상금상 (위크엔드하우스)

2004년   베네치아 비엔날레 국제건축전 금사자상

2005년   마이니치예술상

2006년   일본건축학회상 작품상 (가나자와 21세기 미술관)

2010년   프리츠커상 (SANAA)

2012년   무라노토고상 (데시마 미술관)

주요 저서

『세지마 가즈요 + 니시자와 류에 독본 - 2005(妹島和世 + 西沢立衛読本 - 2005)』
(A.D.A. EDITA Tokyo), 『GA 아키텍트 18 세지마 가즈요 + 니시자와 류에(GA
アーキテクト 18 妹島和世 + 西沢立衛)』(A.D.A. EDITA Tokyo), 『GA 아키텍
트 세지마 가즈요 + 니시자와 류에 2006~2011(GA アーキテクト 妹島和世 + 西
沢立衛 2006-2011)』(A.D.A. EDITA Tokyo), 『KAZUYO SEJIMA + RYUE
NISHIZAWA / SANAA WORKS 1995-2003』(TOTO 出版), 『니시자와 류에 대
담집(西沢立衛対談集)』(編著, 彰国社), 『미술관을 둘러싼 대화(美術館をめぐる
対話)』(集英社新書), 『건축에 대해 이야기해보자(建築について話してみよう)』
(王国社).

옮긴이

강 연 진

일본어 통번역가이자 그래픽 디자이너, 일러스트레이터, 만화가로 다방면에서 활
동하고 있다. 일본 무사시노 미술대학 예술문화학과를 졸업했다. 2014년 니시자
와 류에의 책을 번역하던 중, 영은미술관에서 주최한 한국 · 일본 지역미술관 연계
작가 교류전 '협업의 묘미' 교류 심포지엄에서 〈가나자와 21세기 미술관〉 측의 통
역을 담당하기도 했다. 아직 국내에 소개되지 않은 가치 있는 서적들을 번역하고
알리는 일에 열정을 가지고 있다.

니시자와 류에가 말하는
열린 건축

지은이 I 니시자와 류에
옮긴이 I 강연진
펴낸이 I 김종수
펴낸곳 I 한울엠플러스(주)

초판 1쇄 발행 I 2016년 5월 16일
초판 3쇄 발행 I 2024년 8월 20일

주소 I 10881 경기도 파주시 광인사길 153 한울시소빌딩 3층
전화 I 031-955-0655
팩스 I 031-955-0656
홈페이지 I www.hanulmplus.kr
등록번호 I 제406-2015-000143호

Printed in Korea.
ISBN 978-89-460-6356-3 03610